应用型本科财务管理、会计学专业精品系列规划教材

审计实务案例与实训教程

主　编　任富强
副主编　仇海红　韩　磊

北京理工大学出版社
BEIJING INSTITUTE OF TECHNOLOGY PRESS

内 容 简 介

本书由两部分组成,第一部分为按审计循环设置的审计实务案例,具有覆盖面广、类型多样、浅显易懂的特征,通过该部分训练学生审计实务基本功,使学生见多识广、入门上手、树立自信;第二部分为较高层次的覆盖多个知识点的审计实务综合训练,增加了审计技术和知识含量,注重提高学生的审计职业判断能力,在更高层面上培养学生的审计实践能力。

本书既可作为独立的审计实务案例和实训教材,又可与其他审计教材配合使用,适合作为会计学、财务管理、审计学等经济管理类专业本科、专科教材。

版权专有　侵权必究

图书在版编目(CIP)数据

审计实务案例与实训教程/任富强主编.—北京:北京理工大学出版社,2018.8(2018.9 重印)
ISBN 978-7-5682-6131-9

Ⅰ.①审… Ⅱ.①任… Ⅲ.①审计学-案例-高等学校-教材 Ⅳ.①F239.0

中国版本图书馆 CIP 数据核字(2018)第 189605 号

出版发行 / 北京理工大学出版社有限责任公司	
社　　址 / 北京市海淀区中关村南大街 5 号	
邮　　编 / 100081	
电　　话 / (010)68914775(总编室)	
(010)82562903(教材售后服务热线)	
(010)68948351(其他图书服务热线)	
网　　址 / http://www.bitpress.com.cn	
经　　销 / 全国各地新华书店	
印　　刷 / 三河市天利华印刷装订有限公司	
开　　本 / 787 毫米×1092 毫米　1/16	责任编辑 / 江　立
印　　张 / 10	文案编辑 / 赵　轩
字　　数 / 238 千字	责任校对 / 周瑞红
版　　次 / 2018 年 8 月第 1 版　2018 年 9 月第 2 次印刷	责任印制 / 李志强
定　　价 / 29.80 元	

图书出现印装质量问题,请拨打售后服务热线,本社负责调换

前 言

教育部 2016 年 7 月印发了《教育部关于中央部门所属高校深化教育教学改革的指导意见》（以下简称《意见》），《意见》指出，一些高校仍存在实践教学比较薄弱等问题。教育部决定，在统筹推进一流大学和一流学科建设进程中，建设一流本科教育，全面提高教学水平和人才培养质量，切实增强学生的社会责任感、创新精神和实践能力。

审计学是一门应用性学科，其既具有较强的理论性，又注重审计实践技能的培养。广泛而深入地引导学生分析来自企业的具体项目审计案例，使学生在案例中体验审计思路和方法，觉察被审计单位的舞弊迹象，是审计学的培养目标。

为了实现上述目标，编者依据财政部最新印发的审计准则、《企业会计准则》，立足高等教育的规律和要求，采用审计理论与审计实务案例、审计实务训练相结合的方法编写了本书。

本书包括两大部分八章的内容。第一部分是审计实务案例，分别介绍了财务报表错报漏报的基本表现形式和动机，以及销售与收款循环审计、采购与付款循环审计、生产与存货循环审计、筹资与投资循环审计和货币资金审计的主要账户常见舞弊形式、审计要点和多样化的审计实务案例。这些案例既相互独立，又在结构上保持了规律性和系统性。第二部分是审计实务综合实训，介绍了审计调整分录的编写方法和思路，提供了 12 套审计实务综合题及参考答案。这些实训能帮助学生掌握审计工作的专业知识，提高专业技能和判断能力。

本书具有如下特点：

1）强化审计实务基本功训练。从多样化的具体项目审计案例入手，可以帮助学生增长见识，培养学生的审计实践能力，增强学生学习审计学理论知识并掌握审计实践技能的信心。

2）培养学生的审计职业判断能力。在学生具备基本技能的基础上，开展综合性审计实务训练，能够持续地提升学生的审计职业判断能力，努力实现学生在校审计实务训练与审计一线工作的良好对接。

3）注重体验式审计实务训练。通过丰富的审计实务演练，增加学生对审计实践的感性认识，努力克服审计学的抽象性，调动学生的学习积极性。

4）培养学生创新性地解决问题的能力。审计实务中的问题变化多端、重复率低、先例性低，需要审计人员随机应变。多样化的审计实务案例分析和审计实务训练，能够增强学生辨析问题的敏感性和解决复杂问题的创造性。

需要说明的是，2018 年 3 月 28 日国务院常务会议决定，自 2018 年 5 月 1 日起，将制造业等行业的增值税税率从 17%降至 16%，将交通运输、建筑、基础电信服务等行业及农产品等货物的增值税税率从 11%降至 10%。由于本书中案例大多来自 2018 年前的被审计企业，为尊重事实，因此各项业务经济仍沿用17%的增值税税率。

本书由任富强担任主编，仇海红和韩磊担任副主编。任富强编写第一章～第四章，并负责全书的提纲撰写、统稿和审稿工作；韩磊编写第五章和第六章；仇海红编写第七章和第八章。

本书是国家民族委员会"基于实践核心的审计教学模式改革研究"和西藏自治区"品牌建设——会计学"项目的成果之一，体现了项目组成员的集体智慧。

囿于编者的学术水平和实践经验，书中不足之处在所难免，恳请读者批评指正。

编　者

2018年4月

目 录

第一部分 审计实务案例

第一章 财务报表错报漏报的形式及原因……3

第一节 财务报表错报漏报的基本表现形式……3
    一、粉饰经营业绩……3
    二、粉饰财务状况……3
    三、粉饰现金流量……4

第二节 财务报表错报漏报的动机……4
    一、为了业绩考核……4
    二、为了获取信贷资金……4
    三、为了发行股票并早日上市和后续发行股票……5
    四、为了偷逃税款或者操纵股价……5
    五、为了政治利益……5
    六、为了推卸企业和个人的责任……6
    七、财务报表错报漏报的动机和基本表现形式的联系……6

第二章 销售与收款循环审计……7

第一节 主营业务收入审计……7
    一、主营业务收入核算的常见错弊及审计要点……7
    二、主营业务收入审计案例……9

第二节 应收账款审计……14
    一、应收账款核算的常见错弊与审计要点……14
    二、应收账款审计案例……16

第三节 应收票据审计……19
    一、应收票据核算的常见错弊和审计要点……19
    二、应收票据审计案例……20

第四节 其他业务收入审计……22

一、其他业务收入核算的常见错弊及审计要点 ……………………………… 22
　　二、其他业务收入审计案例 ……………………………………………………… 23

第三章　采购与付款循环审计 …………………………………………………………… 26

第一节　材料采购审计 ……………………………………………………………… 26
　　一、材料采购核算的常见错弊及审计要点 ……………………………………… 26
　　二、材料采购审计案例 ……………………………………………………………… 27

第二节　应付账款审计 ……………………………………………………………… 28
　　一、应付账款核算的常见错弊及审计要点 ……………………………………… 28
　　二、应付账款审计案例 ……………………………………………………………… 29

第三节　应付票据审计 ……………………………………………………………… 32
　　一、应付票据核算的常见错弊及审计要点 ……………………………………… 32
　　二、应付票据审计案例 ……………………………………………………………… 33

第四节　固定资产审计 ……………………………………………………………… 34
　　一、固定资产核算的常见错弊及审计要点 ……………………………………… 34
　　二、固定资产审计案例 ……………………………………………………………… 36

第五节　累计折旧审计 ……………………………………………………………… 39
　　一、累计折旧核算的常见错弊与审计要点 ……………………………………… 39
　　二、累计折旧审计案例 ……………………………………………………………… 40

第六节　在建工程审计 ……………………………………………………………… 41
　　一、在建工程核算的常见错弊及审计要点 ……………………………………… 41
　　二、在建工程审计案例 ……………………………………………………………… 42

第四章　生产与存货循环审计 …………………………………………………………… 45

第一节　生产成本审计 ……………………………………………………………… 45
　　一、生产成本核算的常见错弊与审计要点 ……………………………………… 45
　　二、生产成本审计案例 ……………………………………………………………… 47

第二节　制造费用审计 ……………………………………………………………… 48
　　一、制造费用核算的常见错弊与审计要点 ……………………………………… 48
　　二、制造费用审计案例 ……………………………………………………………… 50

第三节　应付职工薪酬审计 ………………………………………………………… 51
　　一、应付职工薪酬核算的常见错弊与审计要点 ………………………………… 51
　　二、应付职工薪酬审计案例 ………………………………………………………… 53

第四节　原材料审计 ………………………………………………………………… 56
　　一、原材料核算的常见错弊与审计要点 ………………………………………… 56
　　二、原材料审计案例 ………………………………………………………………… 59

第五节　库存商品审计 ……………………………………………………………… 63
　　一、库存商品核算的常见错弊与审计要点 ……………………………………… 63
　　二、库存商品审计案例 ……………………………………………………………… 65

第六节　存货跌价准备审计 ·· 67
　　　一、存货跌价准备核算的常见错弊与审计要点 ·· 67
　　　二、存货跌价准备审计案例 ·· 67
　　第七节　主营业务成本审计 ·· 68
　　　一、主营业务成本核算的常见错弊与审计要点 ·· 68
　　　二、主营业务成本审计案例 ·· 69
　　第八节　管理费用审计 ·· 70
　　　一、管理费用核算的常见错弊与审计要点 ·· 70
　　　二、管理费用审计案例 ·· 71

第五章　筹资与投资循环审计 ·· 72

　　第一节　短期借款审计 ·· 72
　　　一、短期借款核算的常见错弊及审计要点 ·· 72
　　　二、短期借款审计案例 ·· 73
　　第二节　长期借款审计 ·· 75
　　　一、长期借款核算的常见错弊及审计要点 ·· 75
　　　二、长期借款审计案例 ·· 76
　　第三节　应付债券审计 ·· 78
　　　一、应付债券核算的常见错弊及审计要点 ·· 78
　　　二、应付债券审计案例 ·· 80
　　第四节　实收资本审计 ·· 81
　　　一、实收资本核算的常见错弊及审计要点 ·· 81
　　　二、实收资本审计案例 ·· 83
　　第五节　资本公积审计 ·· 88
　　　一、资本公积核算的常见错弊及审计要点 ·· 88
　　　二、资本公积审计案例 ·· 89
　　第六节　交易性金融资产审计 ··· 92
　　　一、交易性金融资产核算的常见错弊及审计要点 ··· 92
　　　二、交易性金融资产审计案例 ·· 93
　　第七节　持有至到期投资审计 ··· 95
　　　一、持有至到期投资核算的常见错弊及审计要点 ··· 95
　　　二、持有至到期投资审计案例 ·· 96
　　第八节　长期股权投资审计 ·· 99
　　　一、长期股权投资核算的常见错弊及审计要点 ·· 99
　　　二、长期股权投资审计案例 ·· 100
　　第九节　投资收益审计 ·· 103
　　　一、投资收益核算的常见错弊及审计要点 ·· 103
　　　二、投资收益审计案例 ·· 105

第六章　货币资金审计 ·· 109

第一节　库存现金审计 ·· 109
一、库存现金核算的常见错弊及审计要点 ·· 109
二、库存现金审计案例 ·· 111

第二节　银行存款审计 ·· 115
一、银行存款核算的常见错弊及审计要点 ·· 115
二、银行存款审计案例 ·· 116

第二部分　审计实务综合实训

第七章　审计调整分录的编制 ·· 121

第一节　编制审计调整分录的基本方法 ·· 121
第二节　审计调整分录编制举例 ·· 122
一、普通业务举例 ·· 122
二、特定业务举例 ·· 124

第八章　审计综合实训 ·· 128

实训一 ··· 128
实训二 ··· 128
实训三 ··· 130
实训四 ··· 131
实训五 ··· 131
实训六 ··· 132
实训七 ··· 133
实训八 ··· 134
实训九 ··· 135
实训十 ··· 136
实训十一 ··· 137
实训十二 ··· 138
参考答案 ··· 139

参考文献 ·· 149

第一部分 审计实务案例

第一章

财务报表错报漏报的形式及原因

第一节 财务报表错报漏报的基本表现形式

一、粉饰经营业绩

粉饰经营业绩的具体表现形式包括利润最大化、利润最小化和利润清洗。

1. 利润最大化

公司在上市前一年和上市当年采用这种报表粉饰类型的较多。其典型做法是提前确认收入、推迟结转成本、亏损挂账、资产重组、关联交易。

2. 利润最小化

其典型做法是推迟确认收入、隐瞒收入、提前确认费用、扩大费用,提前结转销售成本,人力压低利润或转移利润到以后会计期间,人为压低利润额。

3. 利润清洗

利润清洗俗称"洗大澡",亦称巨额冲销,其典型做法是在某一特定会计期间,将坏账、存货积压、长期投资损失、闲置固定资产、待处理流动资产和待处理固定资产等所谓虚拟资产一次性处理为损失,人为扩大亏损额,将利润转移到以后会计期间,故意压低利润额。

二、粉饰财务状况

粉饰财务状况的具体表现形式包括高估资产、低估负债和或有负债。

1. 高估资产

对外投资或股份制改组时,企业往往倾向于高估资产,以获得较大比例的股权。其典型的做法是编造理由进行资产评估,提高资产价值,并虚构业务交易和利润。

2. 低估负债和或有负债

企业贷款或发行债券时,通常有低估负债及或有负债的欲望。其典型的做法是做账外账,将负债和或有负债隐匿在关联企业,人为压低负债总额。

三、粉饰现金流量

粉饰现金流量的具体表现形式主要包括突击制造现金流量、混淆现金流量的类别。

1. 突击制造现金流量

其典型做法是突击制造不可持续的现金流量。例如,在会计期间即将结束时,突击收回关联企业结欠的账款,降价处置存货,低价抛售有价证券,高额融入资金,在会计期间结束前形成现金流入的"高峰",增加现金净流量。

2. 混淆现金流量的类别

企业可能蓄意混淆现金流量的类别,其典型做法是将投资活动或融资活动产生的现金流量划为经营活动产生的现金流量,减少前者净现金流量而增加后者净现金流量,人为地改变现金流量结构。

第二节 财务报表错报漏报的动机

我国的会计法律法规明确规定,企业必须按照《企业会计准则》和相关会计制度的规定,在企业日常会计核算资料的基础上定期编制反映企业真实财务状况和经营成果、现金流量状况的财务报表。现实生活中,仍然有不少企业出于不同目的铤而走险来粉饰财务报表。

一、为了业绩考核

企业的经营业绩内部考核办法一般以财务指标为基础,如利润(或扭亏)计划的完成情况、投资回报率、产值、销售收入、国有资产保值增值率、资产周转率、销售利润率等,均是经营业绩的重要考核指标,而这些财务指标的计算都涉及会计数据。除了内部考核,外部考核如行业排行榜,主要也是根据销售收入、资产总额、利润总额等指标来确定的。

而且经营业绩的考核,不仅涉及企业总体经营情况的评价,还影响到管理层的提升、奖金福利等方面。为了在经营业绩上多得分,企业就有可能对其财务报表进行包装、粉饰。基于业绩考核而进行的财务报表造假,是最常见的财务报表错报漏报情况。

二、为了获取信贷资金

改革开放以来,我国的证券市场得到迅速发展,但我国的证券市场仍属于新兴市场,其深度和广度不能与发达国家的证券市场相提并论,因此,企业需要的资金,绝大部分来自银行等金融机构。国有企业负债率超过70%,大多数上市公司的负债率也超过50%。在市场经济条件下,银行等金融机构出于风险考虑和自我保护的需要,一般不愿意贷款给亏损企业和缺乏资信的企业。然而,资金实力又是市场竞争四要素(产品质量、资金实力、人力资源、信息资源)之一。在我国,企业普遍面临资金紧缺的局面。因此,为了获得金融机构的信贷资金或其他供应商的商业信用，经营业绩欠佳、财务状况不健全的企业就有可能对其财务报表进行粉饰。

从某种意义上说，企业往往为其财务报表准备多套"装扮"。报送给银行等金融机构的财务报表，一般是最漂亮那个。企业似乎都总结出这样的一个道理：向银行只能报喜，不能报忧，否则很难得到银行的支持。

三、为了发行股票并早日上市和后续发行股票

股票发行分为首次公开募股（initial public offerings，IPO）和后续发行（配股）两种情况。根据《中华人民共和国公司法》等法律规定，如果企业要发行股票、争取上市，就必须连续3年盈利，而且经营业绩要比较突出，这样才有可能通过中国证券监督管理委员会（以下简称证监会）的审批。除此以外，股票发行的价格高低也与企业的盈利能力有关。

这样，准备上市的企业为了能够多募集资金，就必须塑造业绩优良的形象，其主要手段就是在设计股份制改造方案的时候，对财务报表进行造假，这是一种情况。另外一种情况是，上市企业希望能够后续发行股票，此时需要符合配股条件，即企业最近3年的净资产收益率每年必须在6%以上。这样，6%的配股就成了上市企业的"生命线"。

2001年起，证监会开始实行"退市制度"，连续3年亏损的上市公司，其股票将暂停交易；在暂停交易的第一个半年内，如果仍无法实现盈利，则其股票将被摘牌，在交易所停止交易。这一政策的出台，给业绩差的企业带来了很大压力。濒临退市边缘的上市公司，其粉饰报表的动机强烈，部分上市公司可能因此铤而走险。

我国对上市公司的业绩评价高度依赖财务数据，证监会（2015）119、122和（2016）127号令以及《中华人民共和国证券法》（2017年修正）第五十五条、第五十六条等对首次执行上市、重大资产并购重组及配股、增发、暂停上市及发行债券均规定了相应的业绩要求，在持续经营中未达到盈利能力或业绩要求，则面临ST（special treatment，特别处理）或退市等处罚。

四、为了偷逃税款或者操纵股价

尽管财务会计与税务会计日趋分离，但应税所得额基本上仍以财务会计上的利润为基础。所得税的上交，是在会计利润的基础上，通过纳税调整来实现的。具体方法是，将会计利润调整为应纳税所得额，再乘以企业所适用的所得税税率。企业为了达到偷税、漏税、减少或者推迟纳税的目的，往往会对财务报表进行造假。当然，也有的企业愿意虚增利润"多交税"。这样做的目的，是造成一种假象，表明自己的盈利能力较好，同时也为操纵股价。

五、为了政治利益

有些企业的财务报表，主要是对主管部门和政府部门负责的，换句话说，是给上级部门看的。对于这种企业而言，粉饰财务报表，主要是为了某种政治企图。

现实经济生活中经常有这样的情况，某些企业的经济效益出现大起大落。企业搞好了，经理就提拔为政府部门的领导；继任厂长经理来了，才发现原来这家企业是虚盈实亏，碍于原领导是现任上级领导，不肯提"虚盈实亏"这件事，一般需要花两三年时间来消化经济效益历史包袱。两三年时间过去了，企业的效益又有可能上去了，现任的经理又会得到提拔重

用。企业又重复着前面的故事。这就是在财务报表上"绣花"的结果。

六、为了推卸企业和个人的责任

这种情形主要表现在以下几个方面。

1. 高级管理人员离任审计

企业在调动高级管理人员的时候，一般要进行离任审计。进行离任审计时，相关人员可能会根据个人的需要对财务报表进行调节，意在暴露或者不暴露业已存在的许多问题。新任领导就任，为了明确责任或者推卸责任，往往会大刀阔斧地对陈年老账进行清理，同样可能会在会计报表上造假。

2. 发生天灾人祸的推卸责任

当企业发生天灾人祸的时候，具体地说是发生了自然灾害，或者是高级管理人员卷入经济案件的时候，企业很可能对财务报表进行造假，以便推卸责任。

3. 将责任归咎于新的会计准则和会计制度

会计准则、会计制度发生重大变化时，如《企业会计制度》和具体会计准则的修正实施，可能诱发上市公司粉饰财务报表，提前消化潜亏，并归咎于新的会计准则和会计制度。

七、财务报表错报漏报的动机和基本表现形式的联系

财务报表错报漏报的动机决定财务报表粉饰的类型。一般而言，基于业绩考核、获取信贷资金、发行股票和政治目的，财务报表粉饰一般采用利润最大化、利润均衡化、高估资产、低估负债和或有负债、虚增经营活动现金流量等形式。基于少纳赋税和推卸责任等目的，会计报表粉饰一般采用利润最小化和利润清洗（巨额冲销）、低估资产、高估负债和或有负债、虚减经营活动现金流量等形式。

第二章

销售与收款循环审计

第一节 主营业务收入审计

一、主营业务收入核算的常见错弊及审计要点

1. 未严格管理发票

(1) 表现形式

① 销售发票"大头小尾"。一式数联的发票,不一次复写,存根联少开,从而达到少报销售额、偷税的目的,或为对方作弊提供方便。

② 涂改发票。发票开出后,涂改发票存根,将大改小,虚减产品销售收入,以达到偷税的目的。

③ 发票的内容虚假。例如,企业销售的是高档大宗商品,发票存根上只写低档小额商品,以此少计收入,偷税漏税。

④ 开"空头发票"。有的企业在年末为虚增本年利润,在未实现销售的情况下,开出虚假销售发票作为应收账款处理,下年初用红字冲回,作销售退回处理。

⑤ 以收据代发票或不开发票。采用这种手段的目的是偷税,同时往往会使此类收入形成账外收入,从而造成贪污、挪用或存入"小金库"。例如,购销双方以货易货,相互串通不开发票,以收据结算差额,隐匿产品销售收入。

(2) 审计要点

① 审查发票各联是否一次复写完成。若发现发票联背面无复写痕迹或出现部分复写痕迹,或第二联及以后各联出现直接书写痕迹,则极有可能是违章发票。

② 查看发票有无涂改痕迹。若发现发票票面字迹杂乱,出现多种笔迹、删字、填字或涂改、重写而又无开票人盖章,就应进一步予以追查。检查内容包括:核对大写与小写金额是否相符;查核笔迹是否正常、字体是否一致;以数量乘以单价核对金额;特别注意阿拉伯数字中的"0"有无改为"6""8""9"等,"1"有无被改为"9""7"等数字。

③ 查看发票内容是否虚假。主要查看发票上品名、数量、单价、金额是否符合实际或市场行情,若发现发票内容异常,应进一步审查。

④ 查看发票是否合法。税务机关为了加强对发票的管理,采取的重要措施是监制发票。

凡无税务机关或财政部门"发票监制章"的发票，或者套印已过时的"检印""发票专用章"等印章的发票，都是不合法的发票。尤其是对于增值税专用发票，更应注意审查。

⑤ 审查被审单位是否不开发票或开"空头发票"。

对于被审计单位不开发票或开"空头发票"的情况，审计人员应结合销售合同和产成品发出记录审查确定。

2. 收入入账时间不正确

（1）表现形式

① 违反入账时间的规定。将应反映在下一期间的收入反映在本期或将应在本期反映的收入反映在以后各期，造成当期利润虚增或减少。

② 以分期收款方式发出商品时，未按合同约定的收款日期分期反映收入。采用分期收款方式发出商品，应按合同约定的收款日期分期反映收入，但有些企业在发出商品的当期或第一个收款日即反映全部收入，造成当期利润虚增。

③ 以预收货款方式销售商品，企业未在发出商品时反映销售收入。采用预收货款方式销售商品，企业应在发出商品时反映销售收入，但有些企业在收到货款时反映收入增加，造成当期收入、利润不真实。

④ 以托收承付方式销售商品，企业未在办妥托收手续时确认收入的实现。采用托收承付方式销售商品，企业应在办妥托收手续时确认收入的实现，但有些企业为了少计收入，此时不确认收入，直到收到货款时才确认收入。

（2）审计要点

对于以上错弊，审计人员应采用抽查法、核对法、复算法，主要依据产品销售收入凭证、销售合同和记录（发票、提货单，有关记账凭证，产品销售收入明细账及总账，应收账款明细账等），检查企业销售收入实现的确认是否依据现行会计制度，有无不记、少记、漏记和错记等现象；具体审查时，应针对不同的结算方式，选取不同的商品销售收入确认标准。

3. 会计处理不合规

（1）表现形式

① 将已实现的产品销售收入长期挂在"应付账款"等账户。将已实现的产品销售收入不计入"主营业务收入"账户，长期挂在"应付账款"等账户上，作为企业的暂存款处理，将记账联单独存放，造成当期收入减少，利润减少，从而达到少交税的目的。

② 内部领用本企业产品不计销售。企业内部在建工程、福利等部门领用本企业产品不计销售，从而偷税。

③ 账户对应关系违反常规。销售商品时，以"应收账款"或"银行存款"直接与"库存商品"相对应，直接抵减"库存商品"，造成收入少计。

④ 混淆各种收入的界限。将企业正常销售收入作为其他业务收入或营业外收入处理，影响有关指标的真实性。

⑤ 以旧换新销售产品的账务处理不合规。用以旧换新的方法销售产品时，只将其差价

部分列作产品销售收入。企业采用以旧换新方式销售产品,应当对新旧产品分别作销售和采购的业务处理。而有的企业却只将新旧产品的差价作销售收入处理。

⑥ 虚增销售收入。有些企业为了达到多计或少计当期收益的目的,人为地通过"应收账款""应收票据"等账户虚增销售收入。

(2)审计要点

对于这类错弊,审计人员先运用分析程序,将上期与本期及上期各月与本期各月的收入进行比较分析,看是否多计收入或少计收入,再以产品"销售收入"明细账为中心,结合内控制度的评审结果,抽取一些重点业务进行审查。对抽查的销售业务,一方面从填制原始凭证、编制记账凭证、登记销售收入账的全过程进行审查;另一方面,将"主营业务收入"明细账与总账及其他账簿相核对,看其是否证证、账证、账表相符。另外,还要检查与"库存商品"账户有关的对应账户,以检查其账务处理的正确性。

4. 销售折扣与折让处理不规范

(1)表现形式

① 虚设销售折扣与折让事项。有些人员依据收取的好处或回扣的多少决定折扣率高低,虚设销售折扣与折让事项,损公肥私。

② 销售折扣与折让事项账务处理违规。将折扣作为产品销售费用、坏账损失或管理费用入账,影响了有关指标的真实性。

(2)审计要点

审计人员应通过查阅双方签订的合同、询问当事人、查阅有关会计凭证等方式发现线索,并在此基础上作进一步调查,如折扣与折让的审批手续是否齐全,有无随意确定折扣率等情况。

5. 销货退回的处理不正确

(1)表现形式

销货退回的处理不正确表现为对退回商品不入账,形成账外物,或销货退回时不冲减销售收入,而是作为往来款项处理。

(2)审计要点

审计要点为查阅"主营业务收入""应收账款""库存商品""主营业务成本"等有关账户,查看所记录的销售退回事项。根据账户中记录的凭证日期与字号,将会计凭证调出,并审阅其所反映的业务内容,通过账证、证证核对来查证问题。如果发现销售退回的理由不清楚、不充分,退货金额过大或精确度异常等,就要调阅会计凭证,必要时询问购货单位或有关个人,从而查证问题。特别应注意销货退回的同时是否退了增值税、账务处理上是否正确。此外,应注意审查期初或期末结账时的退货,防止企业年终虚列销售,次年初作假退货,用红字发票冲回的现象。

二、主营业务收入审计案例

审计调整分录用于调整被审计财务报表。审计调整分录使用财务报表项目名称,但在分析过程中，使用会计账户名称，最终将会计账户名称转化为财务报表项目名称，得到审计调整分录。在本书第一部分，为了简化表述，方便学生理解、掌握，仅使用会计账户名称。

案例一

1. 发现疑点

    审计人员审查某企业 2017 年度账务报表，在审查该企业 12 月的主营业务收入时发现一笔销售存在异常，账簿上记载的收入金额为 50 万元，结转成本为 60 万元。

2. 追踪查证

    审计人员查阅了 12 月 15 日的 85#凭证，其会计分录为
    借：银行存款　　　　　　　　　　　　　　　　　　　　　　500 000
    　　贷：主营业务收入　　　　　　　　　　　　　　　　　　　　500 000
    审计人员查阅了相关的销售合同，合同中载明：企业销售一批产品售价为 90 万元，同时回收一批等量的旧产品，议定价格为 40 万元。新旧产品交换后，购货方付货款差价 50 万元。该企业就将收到的新旧产品差价 50 万元作了增加产品销售收入的账务处理，同时将发出的产品实际成本 60 万元结转销售成本。

    同时收到的旧产品未按采购业务进行处理，而是以账外物资到车间进行修复后，又作为在产品按 80 万元的售价卖给了另一家用户。

3. 问题

    企业采用以旧换新方式销售产品，应当对新旧产品分别作销售和采购的业务处理，即发出的新产品应作销售处理，收到的旧产品则应作为采购业务进行处理。但实际上，企业只将新旧产品的差价作销售收入处理，对收回的旧产品未作采购处理（采购旧产品时，未取得增值税专用发票）。

4. 调账

    ① 发生以旧换新业务时，会计人员应作的账务处理是
    借：银行存款　　　　　　　　　　　　　　　　　　　　　　500 000
    　　原材料　　　　　　　　　　　　　　　　　　　　　　　　400 000
    　　贷：主营业务收入　　　　　　　　　　　　　　　　　　　　769 200
    　　　　应交税费——应交增值税（销项税额）　　　　　　　　　130 800
    ② 审计人员发现后应作的审计调整分录（对比正确分录与错误分录）为
    借：原材料　　　　　　　　　　　　　　　　　　　　　　　　400 000
    　　贷：主营业务收入　　　　　　　　　　　　　　　　　　　　269 200
    　　　　应交税费——应交增值税（销项税额）　　　　　　　　　130 800

案例二

1. 发现疑点

审计人员在审计某企业 2017 年财务报表时，抽查了企业当年的部分销售合同，发现 10 月份该企业与某购货单位签订了一份销货合同，合同中规定购货单位应于 10 月份预付全部货款 50 万元，销货方应于 12 月份全部交货。

审计人员通过审查 10 月份的"预收账款"和"银行存款"明细账，证实 10 月份确实收到货款 50 万元，但在 12 月份的"预收账款"和"主营业务收入"账务中没有发现此笔销售的记录。审计人员怀疑企业很可能隐藏收入。

2. 追踪查证

审计人员根据销售合同中记录的产品的名称、规格、型号等，追查到该产品的明细账，在销售合同规定的发货日期前后发现了一笔销售业务的记录，追查到记账凭证，其会计分录为

  借：发出商品   300 000
    贷：库存商品   300 000

而审计人员没有找到以分期收款方式销售商品的任何销售合同。经询问相关人员，得知发出这批产品的就是前述预付货款的购货单位。

3. 问题

企业为了调节当年损益，向预付货款的购货单位发出产品时不作主营业务收入的账务处理，而将发出的产品转入"发出商品"账户隐藏起来，控制利润的增长幅度。

4. 调账

① 确认销售收入，冲减预收账款，分录如下：
借：预收账款   500 000
  贷：主营业务收入   427 350
    应交税费——应交增值税（销项税额）   72 650
② 结转主营业务成本，分录如下：
借：主营业务成本   300 000
  贷：发出商品   300 000

案例三

1. 发现疑点

审计人员在审计某企业 2017 年财务报表时，抽查了企业当年 12 月份的所有销售发票的存根，并依照发票存根核对记账凭证和账簿记录。审查中发现 10125# 的销售发票没有对

应的记账凭证和账簿记录。审计人员怀疑有问题，决定进一步追查。

2. 追踪查证

审计人员随即检查了发票上所记载的产品的明细账和提货单，发现提货单已发出，而产品明细账上也无记载。

经询问有关人员，得知买方在收到发票账单和提货单后，因年终忙于完成其他任务，未能及时提货，致使实际提货跨了年度，该企业即趁买方在年终前未提货之机将已卖出的产品销售收入错误地作了预收货款的账务处理。

借：银行存款　　　　　　　　　　　　　　　　702 000
　　贷：预收账款　　　　　　　　　　　　　　　　　702 000

3. 问题

该企业利用购货单位未能及时提货的机会，隐瞒销售收入，以达到少缴税费的目的。

4. 调账

确认产品销售收入，分录如下：
借：预收账款　　　　　　　　　　　　　　　　702 000
　　贷：主营业务收入　　　　　　　　　　　　　　　600 000
　　　　应交税费——应交增值税（销项税额）　　　　102 000

案例四

1. 发现疑点

审计人员于2017年2月18日审查某公司2016年度产品销售业务时，抽查了部分销售合同，其中2016年12月27日签订的销售合同中表明采用托收承付方式销售产品1 120 000元（单位产品成本为1 300元，共800件）。

审计人员随即检查了发运单和银行托收凭证，证实该公司已经全面履行了合同，并向银行办妥了托收手续；但在审阅该公司的"主营业务收入""应收账款""应交税费"明细账时，未发现此项业务的任何账务处理。

2. 追踪查证

审计人员采用询问法，询问了相关人员，企业的人员证实此笔销售确已完成，只是以没有收到银行存款为由未作。

3. 问题

托收承付方式下在办妥托收手续时应确认收入，而不是在收到款项时才确认。该企业未能将应确认收入的业务及时入账，不仅影响利润表，也会影响资产负债表的正确披露。

4. 调账

① 补记收入和应交的增值税，分录如下：

借：应收账款　　　　　　　　　　　　　　　　　　1 310 400
　　贷：主营业务收入　　　　　　　　　　　　　　　　　1 120 000
　　　　应交税费——应交增值税　　　　　　　　　　　　　190 400

② 补充结转已售产品的成本，分录如下：

借：主营业务成本　　　　　　　　　　　　　　　　　1 040 000
　　贷：库存商品　　　　　　　　　　　　　　　　　　　1 040 000

③ 补记应交的企业所得税，分录如下：

借：所得税费用　　　　　　　　　　　　　　　　　　　 20 000
　　贷：应交税费——应交所得税　　　　　　　　　　　　　 20 000

④ 结转利润，分录如下：

借：主营业务收入　　　　　　　　　　　　　　　　　1 120 000
　　贷：主营业务成本　　　　　　　　　　　　　　　　　1 040 000
　　　　所得税费用　　　　　　　　　　　　　　　　　　　20 000
　　　　利润分配——未分配利润　　　　　　　　　　　　　 60 000

⑤ 补提法定盈余公积金和公益金，分录如下：

借：利润分配——未分配利润　　　　　　　　　　　　　　9 000
　　贷：盈余公积——法定盈余公积　　　　　　　　　　　　 6 000
　　　　　　　　——公益金　　　　　　　　　　　　　　　 3 000

案例五

1. 发现疑点

审计人员在审计某企业 2017 年 6 月份的利润表时，发现该期销售收入与以前各期相比有明显下降，但销售成本水平无明显变化，决定进一步调查。

2. 追踪查证

经查阅 6 月份银行存款日记账，发现有一笔暂存款 468 000 元，对方账户为"应付账款"，调阅 2017 年 6 月 15 日 25#凭证，发现其内容为：

借：银行存款　　　　　　　　　　　　　　　　　　　468 000
　　贷：应付账款　　　　　　　　　　　　　　　　　　　 468 000

该凭证所附的原始凭证是一张托收回单，说明该记账凭证不符合实际业务情况。审计人员又审查了该企业的销售发票存根，发现有一张销售金额为 400 000 元、增值税税额为 68 000 元的发票与该记账凭证所记录的单位名称相同，进一步询问当事人确认该单位将正常的销售业务作为应付账款处理了。

3. 问题

被审计单位为了少交税金、少计利润,利用"应付账款"账户隐匿收入,造成该期利润不实。

4. 调账

确认收入的分录如下(假设不考虑对企业所得税、提取盈余公积的影响):
借:应付账款　　　　　　　　　　　　　　　　　468 000
　　贷:主营业务收入　　　　　　　　　　　　　　400 000
　　　　应交税费——应交增值税(销项税额)　　　68 000

第二节　应收账款审计

一、应收账款核算的常见错弊与审计要点

1. 账账不符

(1)表现形式

应收账款的账账不符主要指总分类账余额与各明细账余额之和不符。此外,还包括企业应收账款记录与债务单位应付账款记录不符的情况。

(2)审计要点

① 审查总分类账余额与各明细账余额之和不符现象。对于总分类账余额与各明细账余额之和不符的查找,可从最后一个月开始,将明细账余额之和与总分类账余额进行核对,找出是从哪个月开始不同的;然后将不符那个月的有"应收账款"账户的记账凭证与明细分类账逐笔进行核对,并按总分类账记账时间分别加总记账凭证的借方和贷方,与总分类账进行核对。通过上述核对,查明不符的原因及其错误所在。

② 审查应收账款记录与债务单位应付账款记录不符的情况。对于企业应收账款记录与债务单位应付账款记录不符的情况,可直接发询证函调查。必要时,可复制应收账款明细账到债务单位进行核对,以查明不符的原因及其错误所在。

2. 虚列账户

(1)表现形式

① 虚构债务单位。企业凭空捏造某债务单位,为其设立"应收账款"明细账户,在其账户下记录应收账款额。这种错误做法的目的就是隐匿财产,挪用或贪污资金。例如,企业收到一笔销货款,企业不借记"银行存款"或"库存现金"账户,而将销货款以某虚构企业的名义借记"应收账款"账户,贷记"主营业务收入"账户,该款项则被挪用或贪污。当然,虚设账户还有可能为了虚增利润。例如,有的企业年末不能完成主管部门为本企业下达的商品销售和利润计划,而对利润缺口以虚增利润的方式"弥补",即在没有销售业务的情况下,

虚编记账凭证，作销售业务入账，对本科目列作"应收账款"，作会计分录如下：

借：应收账款
　　贷：主营业务收入

所填金额一般为大于利润缺口的数额。这样，由于作了上述不真实的销售业务处理，该企业便"完成"了该年度的主营业务收入和利润计划。到了次年初，一般对虚增的销售收入作为退货进行冲转，而作相反的会计分录如下：

借：主营业务收入
　　贷：应收账款

作上述处理后，上年虚增的销售收入得到了冲转，记在"应收账款"账户的虚设业务也冲回。从账面看，账面余额是真实的；但从单个会计年度看，则违反了会计核算的基本原则。

② 账务处理不及时。企业发生销货退回后，企业不及时办理冲账或根本不冲账，致使"应收账款"账面数字虚列、账实不符，或相关人员贪污退回的货物。

（2）审计要点

① 审查虚设账户的会计错弊。对于虚设账户的会计错弊，在检查时可抽查"应收账款"明细账，向债务人单位发送询证函，以证实所欠货款是否属实，以此判断"应收账款"账户的可靠性。如果抽查结果没有问题，一般可以认为该企业不存在虚设账户的错误；如果抽查结果有问题，则应扩大检查范围，或对所有"应收账款"明细账户进行函证。如果该企业"应收账款"明细账户不多，则可对每一个债务人单位发出询证函。对于以虚增利润为目的的虚设账户的会计错弊，审计人员在审阅"主营业务收入"和"应收账款"等账户及会计凭证进行账证核对和调查询问有关情况时，若发现上述一个或几个线索或疑点，应进一步审阅，核对有关会计资料，调查询问有关单位人员。

② 审查不及时记录销货退回的错弊。对不及时记录销货退回的错弊，除按上述方法检查外，还可以查阅销货退回簿，查出有关销货退回的单位和退货金额，再与"应收账款"明细账相核对，确定销货退回是否冲减了原来的应收账款金额。

3. 入账金额不实

（1）表现形式

在存在销售折扣与折让的情况下，应收账款的入账金额不采用总价法入账，而采用净价法，以达到推迟纳税的目的。

（2）审计要点

复核有关销货发票，看其与"应收账款""主营业务收入"等账户记录是否一致。

4. 记录内容不实

（1）表现形式

① 记录账户张冠李戴。将"应收票据""预付账款"等账户的内容反映在"应收账款"账户以达到多提坏账准备金的目的。

② 发生的费用被挂在"应收账款"账户上，未计入当期损益。将企业已经发生的各种费用挂在"应收账款"账户上，不计入当期损益，达到调节成本的目的。

③ 将"长期股权投资"账户核算的内容计入"应收账款"账户。将应在"长期股权投资"账户核算的内容纳入"应收账款"账户来核算，用投资收益来冲减应收账款，以达到逃避纳税的目的。

(2) 审计要点

查阅"应收账款"账户的明细账，看其摘要内容，审查是否应由"应收账款"账户核算；必要时再查阅该笔业务的原始凭证，确定是否确实符合将"应收票据""预付账款"转为"应收账款"的条件等。

二、应收账款审计案例

案例一

1. 发现疑点

审计人员在审阅某企业账簿时发现该企业2017年12月"主营业务收入""应收账款"账户较以往各期发生额更大。经与明细账户核对，发现"应收账款"总账与明细账相差20万元，由此怀疑该企业可能有虚增销售收入的问题。

2. 追踪查证

审计人员根据账簿中的记录，调阅有关记账凭证，发现12月25日31#凭证的内容如下：

借：应收账款　　　　　　　　　　　　　　　　　　　　234 000
　　贷：主营业务收入　　　　　　　　　　　　　　　　　　200 000
　　　　应交税费——应交增值税（销项税额）　　　　　　　 34 000

12月30日50#凭证的内容如下：

借：应收账款　　　　　　　　　　　　　　　　　　　34 000（红字）
　　贷：应交税费——应交增值税（销项税额）　　　　　34 000（红字）

经审查核对，上述两张记账凭证均未附有任何原始凭证，虚列当期销售收入20万元，"库存商品"明细账未作任何登记。经询问有关会计人员和调查会计资料，以上分录已于下年初作为销货退回处理。

3. 问题

该企业于12月25日在没有销售业务的情况下编制31#凭证，金额20万元作为销售收入入账，从而使企业完成了该年度的销售收入和利润指标。

4. 调账（被审年度）

由于企业已对虚构业务的税金进行冲销，因此审计人员只要求冲减主营业务收入，分录如下：

借：主营业务收入　　　　　　　　　　　　　　　　　　200 000
　　贷：应收账款　　　　　　　　　　　　　　　　　　　200 000

案例二

1. 发现疑点

2017年审计人员对某企业进行审计，在审阅该企业"应收账款"明细账时发现有一明细科目为"甲项目"，而且金额正好是整数150万元，当年无变动，询问财务人员也说不清楚。审计人员由此判断此款可能有问题。

2. 跟踪查证

审计人员逐年追踪此款形成年份，发现此款是2012年8月形成，记账凭证号为78#。经调阅78#记账凭证，发现其内容如下：

借：应收账款——甲项目　　　　　　　　　　　　　　　　1 500 000
　　贷：银行存款　　　　　　　　　　　　　　　　　　　　1 500 000

明细账摘要内容只写"汇款"两字。经审查，此记账凭证后只附有一张汇款单。查看汇款单，发现收款单位是南方某市所辖的一个乡镇。审计人员分别找有关知情人了解这笔应收账款的来龙去脉，并分析其原因。据有关人员反映，此款是用来与对方联合兴建国际旅游度假村的，该人员对度假村现在是否已建成并不清楚。经办此事的人员和该单位领导声称度假村正在建之中。审计人员根据了解的情况，派人调查核实，在有关人员的大力配合下，终于查清了150万元应收账款的真相。

2012年，该乡镇出台了一系列招商引资的优惠政策，其中之一就是谁吸引来资金，就奖励其引资的5%。该镇某人找到被审计单位领导，动员该企业投资建设国际旅游度假村，并且说效益一定非常可观，而且投资方可享受种种优惠政策。时值南方房地产正在升温，加之"优惠"条件的吸引，该领导同该镇签署了投资合同。合同规定，被审计单位投资800万元，对方以土地作为投资，双方联合兴建国际旅游度假村，在签署合同后，对方预付给该企业领导奖金2万元。8月，第一笔款项150万元汇出。后该企业因资金根本达不到合同的规定及企业形势不好而没有追加投资，国际旅游度假村没有开始建设。对方由于已收到150万元资金，没有追究该企业的违约责任。此款由于该企业的违约已形成损失。

3. 问题

该企业领导为了自己的私利，盲目投资，给企业造成巨大损失。后又怕承担责任，而迟迟不处理，长期挂账。有关人员对此供认不讳。

4. 调账

企业应根据财务制度规定，报经上级有关部门批准，履行坏账损失处理的各种程序，然后作调账处理如下：

借：资产减值损失——坏账损失　　　　　　　　　　　　　1 500 000
　　贷：坏账准备　　　　　　　　　　　　　　　　　　　　1 500 000

借：坏账准备　　　　　　　　　　　　　　　　　　　　　　　　1 500 000
　　贷：应收账款——甲项目　　　　　　　　　　　　　　　　　　　1 500 000

案例三

1. 发现疑点

审计人员在审计某成品油企业 2017 年"主营业务收入"明细账时发现 1 月份销售收入达 1 350.6 万元，而在审查银行存款日记账时发现该企业 1 月份银行存款总额仅为 350 万元。询问该单位的财务人员，得知货款尚未收回，已作坏账转销。据了解，该企业已有一年多未发工资，审计人员怀疑其货款已被贪污。

2. 追踪查证

根据上述疑点，审计人员进行了以下追踪查证工作。

审计人员首先采用函证法、询问法。审计人员向对方发函，对方回信说货款已于 1 月初由成品油企业总经理黄某提走 800 万元，剩余 200.6 万元的货款于 2 月底再由黄某提走，并寄来了黄某收款收据的复印件。经询问黄某，黄某承认货款已收，但已存银行，未及时报账。

审计人员马上与检察院反贪局取得联系，查清了黄某挪用货款 1 000.6 万元，用于生意投机的事实。

3. 问题

黄某利用职权，对已收回的货款作为坏账转销，又到购货单位要回部分货款，将其挪用。

4. 调账

该单位应当收回全部货款，并作如下账务处理：

① 借：应收账款　　　　　　　　　　　　　　　　　　　　　　　10 006 000
　　贷：坏账准备　　　　　　　　　　　　　　　　　　　　　　　　10 006 000

② 补充计提 2017 年年末坏账准备：
借：资产减值损失　　　　　　　　　　　　　　　　　　　　　　　10 006 000
　　贷：坏账准备　　　　　　　　　　　　　　　　　　　　　　　　10 006 000

③ 将以上两分录合并：
借：应收账款　　　　　　　　　　　　　　　　　　　　　　　　　10 006 000
　　贷：资产减值损失　　　　　　　　　　　　　　　　　　　　　　10 006 000

（2）收回货款：
借：银行存款　　　　　　　　　　　　　　　　　　　　　　　　　10 006 000
　　贷：应收账款　　　　　　　　　　　　　　　　　　　　　　　　10 006 000

第三节　应收票据审计

一、应收票据核算的常见错弊和审计要点

1. 账户核算内容不正确

（1）表现形式

将不属于应收票据的经济事项反映在"应收票据"账户上，如赊销商品的价款；或将属于其他货币资金的银行汇票、银行本票等，以及销售中形成的其他债权也列在"应收票据"账户中核算；或者虚拟应收票据业务，利用"应收票据"账户调节当期收入。

（2）审计要点

核对应收票据及对应账户的总账和明细账，另外查阅相关的原始凭证，确定其业务是否属于应收票据核算范围。

2. 收回不及时，长期挂账

（1）表现形式

应收票据的最长期限不能超过 6 个月，如果银行承兑汇票到期，付款人无力支付票款，应由承兑人（承兑银行）支付。如果属于商业承兑汇票，承兑人无力支付时，收款企业应按汇票到期值将其从"应收票据"账户转入"应收账款"账户。但在实际工作中存在着应收票据长期挂账的问题，造成这个问题的原因是在销货方对于购货方的资信状况、偿债能力了解不多的情况下采用了商业承兑汇票结算方式，一旦购货方无力支付，销货方又不及时转入"应收账款"账户，就会造成应收票据的长期挂账现象。

（2）审计要点

查阅"应收票据"明细账及应收票据备查簿，确定应收票据的应收日期和金额与实际收款日期和金额是否相符，必要时运用查询法询问有关当事人，查清事实真相。

3. 账户设置不合理

（1）表现形式

① 将收到的商业汇票业务视作应收账款业务。对收到的商业汇票业务视同一般应收款业务，通过"应收账款"账户进行核算，而不设置"应收票据"账户进行专门核算，混淆了两种业务。

② 未按规定设置应收票据备查簿。虽设置"应收票据"账户，但未按规定设置应收票据备查簿，因而使商业汇票的出票日期、到期日期、贴现日期、付款人、承兑人等具体情况得不到充分反映，造成应收票据的管理混乱。

（2）审计要点

审计人员可询问被审单位相关人员是否存在应收票据的业务；若有，检查是否设立账簿，是否按规定设置应收票据登记簿，有无专人负责登记和注销应收票据的业务，相关内容是否

完整。

二、应收票据审计案例

案例一

1. 发现疑点

审计人员于 2017 年 2 月进驻某企业,对该企业 2016 年财务报表进行审计。审计中发现一笔红字冲减收入 50 000 元的业务,摘要中注明是销货退回业务,但未注明单位名称。

2. 追踪查证

审计人员调阅相关记账凭证,发现 2016 年 12 月 28 日 28#记账凭证,其记录如下:

借:应收票据　　　　　　　　　　　　　　　　　50 000(红字)
　　贷:主营业务收入　　　　　　　　　　　　　　　50 000(红字)

该记账凭证所附的原始凭证是一张红字发票记账联,但在查阅"应收票据"明细账时发现没有收到该单位商业汇票的记录;同时"库存商品"明细账未有记载。审计人员怀疑此业务属于虚列业务行为,于是调阅 2017 年账簿,发现 2017 年 1 月 6 日有同样一笔业务,其凭证号是 14#,所列内容为

借:应收票据　　　　　　　　　　　　　　　　　　50 000
　　贷:主营业务收入　　　　　　　　　　　　　　　　50 000

该记账凭证仅附一张蓝字发票,但在"应收票据"及"库存商品"明细账上均未有任何记录。审计人员在取得有关证据后,向相关人员询问以上业务记录,被查单位领导承认企业为了在 2016 年年末少纳税款,采用先销后补的方法,分别于 2016 年年末和 2017 年年初开具红、蓝两张反映同样内容和金额的发票,记账联由记账人员记账,支票联由业务部门存放。

3. 问题

该企业利用应收票据虚减销售收入偷漏税,未按会计法规定设置和登记账簿,存在伪造会计凭证、会计账簿的问题。

4. 调账(2016 年)

借:应收票据　　　　　　　　　　　　　　　　　　50 000
　　贷:主营业务收入　　　　　　　　　　　　　　　　50 000

案例二

1. 发现疑点

审计人员 2017 年 8 月 6 日在查阅某企业应收票据备查簿时发现有一笔承兑人为长江公司、面值为 80 000 元的商业承兑汇票,签发日期为 2017 年 2 月 6 日,而实际收款日期

和收款金额在备查簿中未作登记。审计人员怀疑有问题，决定进一步审查。

2. 追踪查证

审计人员查阅了"应收票据"明细账及有关记账凭证、原始凭证，并调查询问了经办人员，证实该业务发生在 2017 年 5 月 6 日，因承兑人长江公司无款支付未能收回票款。根据规定，采用商业汇票结算式，商业汇票的付款期限由交易双方商定，但最长不得超过 6 个月。为了便于管理和分析各种应收票据，企业对于收到的商业汇票应设置应收票据备查簿，并逐笔记录应收票据的种类、号数、承兑人、票面金额、利率、期限、贴现及转让内容，待到期收回票款时在备查簿中逐笔注销。而该企业的商业汇票已经到期，但在备查簿中未作登记，而且未作任何业务处理，对未到期的应收票据没有任何控制措施，使应收票据长期挂账，加大了发生坏账损失的可能。

3. 问题

该企业在结算资金的管理和核算上存在问题，主要表现在未能及时了解长江公司的资信状况和偿债能力，应收票据在未能收回的状况下没能及时实施账务处理；问题发生后也未采取积极措施追回货款，致使企业资金被其他企业占用，给企业带来损失。

4. 调账

① 借：应收账款——长江公司　　　　　　　　　　　80 000
　　　贷：应收票据——长江公司　　　　　　　　　　　　　80 000

如果被审计单位与长江公司达成协议，按年利率 10%于 2017 年 8 月 6 日一次归还票据及利息，还应将利息计提入账，作如下分录：

　借：应收账款　　　　　　　　2 000[（80 000×10%÷12）×3]
　　　贷：财务费用　　　　　　　　　　　　　　　　　　2 000

② 8 月 6 日实际收到本息时，作如下分录：
　借：银行存款　　　　　　　　　　　　　　　　　82 000
　　　贷：应收账款——长江公司　　　　　　　　　　　　82 000

③ 如果被审计单位日后经调查确定长江公司已于 2017 年 12 月宣布破产，被审计单位仅从破产财产中分得 40 000 元，其余 40 000 元报经有关部门批准后作为坏账损失处理，企业应编制如下分录：

　借：银行存款　　　　　　　　　　　　　　　　　40 000
　　　坏账准备　　　　　　　　　　　　　　　　　40 000
　　　贷：应收账款——长江公司　　　　　　　　　　　　80 000

案例三

1. 发现疑点

审计人员接受委托审计 ABC 公司的财务报表，在审阅企业"应收票据"明细账时发现该单位将面值为 20 万元的不能兑现的应收票据转入"资产减值损失——坏账损失"账户，而没有按规定先转入"应收账款"账户,且会计人员声称票据遗失。审计人员由此怀疑可能有问题,决定进一步调查。

2. 追踪查证

审计人员审阅了"应收票据"明细账及有关记账凭证,记账凭证的内容是

借:资产减值损失——坏账损失　　　　　　　　　　　　　　200 000
　　贷:应收票据——甲公司　　　　　　　　　　　　　　　　　　200 000

3. 问题

首先,企业未能充分了解甲公司的信用状况和偿债能力,而使20万元的货款到期未能收回。其次,企业未将收回的部分货款 150 000 元及时入账而挪作他用,更是违反财务规定。

4. 调账

首先应将企业核销的应收票据原数冲回:
借:应收票据——甲公司　　　　　　　　　　　　　　　　　　200 000
　　贷:资产减值损失——坏账损失　　　　　　　　　　　　　　　200 000
然后作如下调整分录:
借:应收账款——甲公司　　　　　　　　　　　　　　　　　　200 000
　　贷:应收票据——甲公司　　　　　　　　　　　　　　　　　　200 000
将挪作他用的货款收回入账:
借:银行存款　　　　　　　　　　　　　　　　　　　　　　　　150 000
　　贷:应收账款——甲公司　　　　　　　　　　　　　　　　　　150 000
如果余款5万元确实无法收回,报经有关部门批准后作为坏账处理:
借:资产减值损失——坏账损失　　　　　　　　　　　　　　　50 000
　　贷:应收账款——甲公司　　　　　　　　　　　　　　　　　　50 000

第四节　其他业务收入审计

一、其他业务收入核算的常见错弊及审计要点

1. 列示的内容、范围不合规

(1)表现形式

列示的内容、范围不合规的表现形式主要是把主营业务收入列入其他业务收入中。

(2)审计要点

审计人员应主要以现行《企业会计准则》及其他企业会计制度为标准,审阅"其他业务收入"明细账,并与原始凭证核对,确定其列示的内容、范围是否合规。

2. 列支的数额不真实

（1）表现形式

① 多列或虚列固定资产出租、包装物出租等其他业务收入，从而达到虚增利润的目的。

② 少计或不计其他业务收入（尤其是不经常发生的收现业务），从而达到隐瞒利润、私设"小金库"的目的，或达到贪污、挪用公款的目的。

经常出现此类问题的对应关系如下：

借：库存现金
　　银行存款
　　其他应收款等
　　贷：应付账款
　　　　其他应付款等

（2）审计要点

对于此类问题，审计人员应以"其他业务收入"明细账为中心，采用审阅、核对、分析等技术方法，选择一些金额大、发生频繁、摘要不清的业务进行审查，同时还应对照"银行存款""库存现金""其他应收款"等账户进行检查。

3. 会计处理不合规

（1）表现形式

① 其他业务收入实现后，直接冲销"其他业务成本""管理费用"等账户。

② 其他业务收入实现后，没有计入"其他业务收入"账户，而计入"营业外收入"账户，分录如下：

借：库存现金
　　银行存款
　　其他应收款等
　　贷：营业外收入等

③ 其他业务收入实现后，只计入"其他业务收入"账户，没有结转"其他业务成本"账户。

（2）审计要点

审计人员应以"其他业务收入"明细账为中心，结合内控制度的评审结果，抽取一些重点业务进行审查。对抽查的业务，一方面从填制原始凭证、编制记账凭证、登记"其他业务收入"明细账等全过程进行审查；另一方面，发生其他业务收入后，检查"其他业务成本"明细账中有没有相应结转成本和支出。

二、其他业务收入审计案例

案例一

1. 发现疑点

审计人员在审计某企业账务时发现该企业"原材料"账户中有一笔贷方发生记录，摘

要为"出售原材料"。追查记账凭证,发现其内容为

借:银行存款　　　　　　　　　　　　　　　　　　　　　　　　　56 000
　　贷:原材料　　　　　　　　　　　　　　　　　　　　　　　　　　45 000
　　　　其他应付款　　　　　　　　　　　　　　　　　　　　　　　　11 000

上述分录中这一异常的对应关系引起了审计人员的注意,审计人员决定进一步追查。

2. 追踪查证

审计人员首先详细审阅发票存根,发现销售了很多原材料,随即审阅"其他业务收入"明细账,没有查到材料销售的业务收入。带着这个疑点,审计人员查阅了银行存款日记账和应收账款明细账及有关记账凭证,得知销售材料的收入直接冲减了原材料实际成本。

3. 问题

该企业存在将销售材料收入直接冲减材料成本的问题。

4. 调账

借:其他业务成本　　　　　　　　　　　　　　　　　　　　　　　45 000
　　其他应付款　　　　　　　　　　　　　　　　　　　　　　　　　11 000
　　贷:其他业务收入　　　　　　　　　　　　　　　　　　　　　　　47 863
　　　　应交税费——应交增值税(销项税额)　　　　　　　　　　　　　8 137

补充确认其他业务收入,补充结转其他业务成本,并冲销其他应付款。

案例二

1. 发现疑点

审计人员在查阅某企业"其他业务收入"明细账时,发现该企业2017年8月12日有一笔业务摘要中注明"处理固定资产净收益",金额为4 500元。审计人员认为这一处理不符合会计制度有关规定,决定作进一步调查。

2. 追踪查证

审计人员查阅该企业8月12日56#记账凭证,发现凭证内容为

借:固定资产清理　　　　　　　　　　　　　　　　　　　　　　　4 500
　　贷:其他业务收入　　　　　　　　　　　　　　　　　　　　　　　4 500

经询问有关会计人员,审计人员确认该企业会计人员未熟练掌握会计制度有关规定,造成上述问题。

3. 问题

被审计企业将应列入营业外收入的固定资产清理净收益列入了其他业务收入。

4. 调账

如果上述问题在8月份查清,应编制调账分录如下:

借：其他业务收入　　　　　　　　　　　　　　　　　　　　4 500
　　贷：营业外收入　　　　　　　　　　　　　　　　　　　　　　4 500
如果上述问题在 8 月份以后被发现，除编制上述调账分录外，还应就多交的税费做如下处理：
借：应交税费——应交营业税　　　　　　　　　　　　　　　225
　　　　　　——应交城建税　　　　　　　　　　　　　　　15.75
　　　　　　——应交教育费附加　　　　　　　　　　　　　6.75
　　贷：营业税金及附加　　　　　　　　　　　　　　　　　　247.5

第三章

采购与付款循环审计

第一节 材料采购审计

一、材料采购核算的常见错弊及审计要点

1. 采购业务不合法

（1）表现形式

采购业务不合法表现如下：签订假合同，骗取货款，或利用订购合同骗取回扣，从中贪污；伪造发票，虚列进货，以假发票报账，侵吞货款；互相勾结，抬高材料进价或以次充好，以少报多，取得价款或价款双方平分，从中贪污甚至与企业内部验收入员勾结，共同作弊；虚报材料损耗损失，把购进的材料偷盗出售或移作私用；长期占用采购资金，挪用公款；购货享受的折扣和购货的折让，以及购货退回不入账。

（2）审计要点

① 审阅采购业务合同是否真实。

② 审查请购单、采购单、发票，看是否有异常情况，是否合理、合法；与入库单等原始凭证核对，看是否有异常情况，是否合理、合法，并与有关明细账核对。

③ 重点审查预付账款业务的合同，检查是否有虚列的预付账款长期挂账、挪用公款现象。

2. 材料采购成本构成错误

（1）表现形式

材料采购成本构成错误的表现如下：未将运杂费等采购费用、途中合理损耗列入材料采购成本，却将这些耗费计入生产成本；将应属于生产费用、期间费用的支出列入材料采购成本；没有区分进货折扣和折让的处理（进货现金折扣应列作财务费用，进货折让在取得对方税务证明后才能冲减采购成本）。

（2）审计要点

检查"材料采购"明细账，追查相关原始凭证，查证材料采购成本构成是否正确，复核材料采购成本计算是否准确。

3. 采购退货业务处理不合理

（1）表现形式

在发生进货退出时，有意将本应冲减的"应交税费——应交增值税（进项税额）"账户不冲减，以此达到多抵扣少交增值税的目的。

（2）审计要点

检查"材料采购""应交税费——应交增值税"明细账及相关记账凭证、原始凭证，如有疑点进一步追查"应付账款""营业外收入"等明细账。

二、材料采购审计案例

案例一

1. 发现疑点

审计人员在审查某企业2017年的会计凭证时，发现8月20日的158#付款凭证后所附的银行存款原始凭证为两张电汇单据，一张汇单金额为3 480 000元，一张金额为30 000元，收款单位相同，但银行账号不同。查账人员对此项业务处理产生了怀疑，怀疑企业将购货折扣进行了账外循环，形成"小金库"。

2. 追踪查证

审计人员调阅相关采购合同，发现该企业2017年6月18日从甲企业购入一批原材料，合同规定，付款条件为2/20，1/30，n/40，付款日期为2017年8月20日。

调阅2017年6月18日140#凭证，发现其分录为

借：材料采购——A材料　　　　　　　　　　　　　　3 000 000
　　应交税费——应交增值税（进项税额）　　　　　　510 000
　　贷：应付账款——甲企业　　　　　　　　　　　　　　　　3 510 000

调阅2017年8月20日158#凭证，发现其分录为

借：应付账款——甲企业　　　　　　　　　　　　　　3 510 000
　　贷：银行存款　　　　　　　　　　　　　　　　　　　　　3 510 000

按照采购合同规定，该企业在20天后30天内付款，该批材料总额为3 510 000元，应享受1%的现金折扣（不含税）30 000元。审计人员查阅汇单，发现企业将折扣30 000元转入对方单位下属公司，又以现金形式列入了企业"小金库"。

3. 问题

该企业利用订货合同收取折扣30 000元不入账，存入"小金库"，以达到减少纳税的目的。

4. 调账

① 企业在购货中享受的销货方提供的现金折扣应作为财务费用进行调减：

> 借：银行存款　　　　　　　　　　　　　　　　　　30 000
> 　　贷：财务费用　　　　　　　　　　　　　　　　　　　30 000
> ② 假如企业所得税税率为25%，应作会计分录如下：
> 借：所得税费用　　　　　　　　　　　　　　　　　　7 500
> 　　贷：应交税费——应交所得税　　　　　　　　　　　　7 500
> 借：财务费用　　　　　　　　　　　　　　　　　　　30 000
> 　　贷：利润分配——未分配利润　　　　　　　　　　　22 500
> 　　　　所得税费用　　　　　　　　　　　　　　　　　7 500
> ③ 按税后净利润的10%提盈余公积，按税后净利润的50%向股东分配股利：
> 借：利润分配——未分配利润　　　　　　　　　　　13 500
> 　　贷：盈余公积　　　　　　　　　　　　　　　　　　2 250
> 　　　　应付股利　　　　　　　　　　　　　　　　　11 250

第二节　应付账款审计

一、应付账款核算的常见错弊及审计要点

1. 销货退回不冲减应付账款

（1）表现形式

企业购入货物退回时故意不冲减相应欠款或货款，利用购货退回或假购进货物，贪污货款。
（2）审计要点

检查退货登记簿中的退货记录，并以此对照检查"应付账款"账户的贷方余额，查明减少数是否由"银行存款"或"库存现金"账户列支。

2. 通过"应付账款"账户藏匿销售收入

（1）表现形式

企业为了隐匿收入以减少税赋，对已经实现的销售收入，不贷记有关收入账户，而在"应付账款"账户中记录。
（2）审计要点

审核"应付账款"账户及其有关账户的记录，审核相关业务的原始凭证。

3. 虚列"应付账款"数额

（1）表现形式

企业将不属于应付账款范围的开支列入"应付账款"账户，然后作转销或转账处理，从而达到各种不正当的目的。
（2）审计要点

审阅"应付账款"明细账，检查企业有无虚设明细账，将非法支出计入该明细账。检查

该账户有无反常方向余额。审阅账户发现疑点后,再抽调会计凭证,通过账证核对查证问题。

4. 利用应付账款,贪污现金折扣

(1) 表现形式

会计人员对于规定期内支付的应付账款,先按总价借记"材料采购"等账户,贷记"应付账款"账户。在付款期内付款,对享有的现金折扣不予以扣除,按发票原价支付货款,然后从债权人处取得退款支票或现金。

(2) 审计要点

审核有关明细账户内记载的采购、付款时间及有关采购计划和合同,查证企业有无利用应付账款贪污现金折扣的情况。

二、应付账款审计案例

案例一

1. 发现疑点

2017年年初,审计人员在审查某企业"主营业务收入"账户时,发现2016年年末销售收入有很大的下滑,但是被查单位在下半年正值销售的旺季。审计人员怀疑该单位利用"应付账款"账户隐匿收入。

2. 追踪查证

审计人员查阅了该公司2016年10—12月的"应付账款"明细账,对与被审计单位有关的几家公司的有关记录进行了详细的审查,发现被审计单位与甲、乙两家企业来往业务的会计分录如下:

借:银行存款　　　　　　　　　　　　　　　　　　　　　　2 340 000
　　贷:应付账款——甲　　　　　　　　　　　　　　　　　2 340 000
借:银行存款　　　　　　　　　　　　　　　　　　　　　　1 170 000
　　贷:应付账款——乙　　　　　　　　　　　　　　　　　1 170 000

所附的原始凭证均为银行进账单回单,以及分别向甲、乙公司等购货单位开出的发货票。

3. 问题

被审计单位利用往来账户隐瞒收入,偷漏了流转税税款;人为压低利润额,导致少纳企业所得税。审计单位进行询问,被审计单位对上述问题供认不讳。

4. 调账

被审计单位为一般纳税人,增值税税率为17%,该单位销项税额为510 000元,调整分录如下:

借:应付账款　　　　　　　　　　　　　　　　　　　　　　3 510 000
　　贷:主营业务收入　　　　　　　　　　　　　　　　　　3 000 000

应交税费——应交增值税（销项税额）　　　　　　　510 000
假设被审计单位应交企业所得税税率为25%，会计分录应为
　　借：所得税费用　　　　　　　　　　　　　　　　750 000
　　　　贷：应交税费——应交所得税　　　　　　　　　750 000
　　借：主营业务收入　　　　　　　　　　　　　　3 000 000
　　　　贷：所得税费用　　　　　　　　　　　　　　　750 000
　　　　　　利润分配——未分配利润　　　　　　　　2 250 000
以税后净利润的10%提取盈余公积，以30%向投资者分配股利：
　　借：利润分配——未分配利润　　　　　　　　　　900 000
　　　　贷：盈余公积　　　　　　　　　　　　　　　225 000
　　　　　　应付股利　　　　　　　　　　　　　　　675 000

案例二

1. 发现疑点

审计人员在对某企业应付账款进行审计时，对"应付账款"各明细账户期初余额、本期发生额和期末余额进行了复核，发现准确无误；将各明细账户期初余额、本期发生额和期末余额与应付账款总分类账户进行核对，发现总分类账户中本期借方发生额比明细账合计金额小，总分类账户期末贷方余额比明细账户贷方余额合计数大。

2. 追踪查证

审计人员审阅该企业"应付账款"明细账，发现2017年7月22日232#记账凭证反映的会计分录如下：
　　借：应付账款——A公司　　　　　　　　　　　　234 000
　　　　贷：银行存款　　　　　　　　　　　　　　　234 000

"应付账款"总账中并没有登记这笔业务，通过调阅232#凭证查证，凭证处理没有错误。审计人员又查阅了"应收账款"总账，发现"应收账款"总账中记录了这笔业务。同时，审计人员通过观察、询问，了解到企业缺乏总账与明细账定期核对制度，所以在未能发现及调整问题的情况下编制了财务报表。

3. 问题

记账人员在登记总账时将应计入"应付账款"总账的内容错误地计入了"应收账款"总账中，而明细账户没有串记，造成"应付账款"总账借方少记，"应收账款"总账借方多记，因此出现上述"应付账款"明细账与总账不相符的情况，影响了资产负债表的记录。

4. 调账

记账凭证没有错误，只是在登账过程中出现问题，更正账务的登记即可，无须作调整分录。

案例三

1. 发现疑点

审计人员审查某企业"应付账款"明细账时，发现 5 月 16 日 150#凭证记录应付账款增加 50 000 元，5 月 17 日 157#凭证记录偿还 50 000 元货款。支付货款如此迅速，审计人员怀疑其中有现金折扣，决定查明对现金折扣的处理。

2. 追踪查证

审计人员调阅 150#凭证，发现其记录为

借：材料采购　　　　　　　　　　　　　　　　　　　　　　50 000
　　贷：应付账款——甲公司　　　　　　　　　　　　　　　　　50 000

所附单据为供货单位发票 1 张，购货合同 1 份，规定付款期 1 个月，如果在 10 天内付款，给予现金折扣 10%。调阅 157#凭证，发现其分录为

借：应付账款——甲公司　　　　　　　　　　　　　　　　　50 000
　　贷：银行存款　　　　　　　　　　　　　　　　　　　　　45 000
　　　　库存现金　　　　　　　　　　　　　　　　　　　　　 5 000

所附原始凭证为转账支票存根和现金收据两张。审计人员质疑：一笔货款为什么采用两种结算方式，折扣金额为何用现金支付？

审计人员调查收款单位甲公司，发现甲公司仅收入 45 000 元支票一张。询问出纳人员时，出纳供认是由会计刘某从保险柜中取出现金并签发支票用于结算贷款，现金收据纯属伪造。

3. 问题

由于财务制度不严，刘某利用职务之便贪污现金 5 000 元，刘某在事实面前供认不讳。

4. 调账

收到会计刘某退货的赃款时，应作如下分录：

借：库存现金　　　　　　　　　　　　　　　　　　　　　　5 000
　　贷：财务费用　　　　　　　　　　　　　　　　　　　　　 5 000

案例四

1. 发现疑点

审计人员在审查某企业的"制造费用"账户时，发现其 12 月份的制造费用比其他月份高出很多。审计人员决定进一步追查。

2. 追踪查证

审计人员查阅了该企业的"制造费用"明细账，发现 12 月 20 日 85#凭证记载车间进

行大修理，修理费用 200 000 元全部未付，会计分录如下：

  借：制造费用——修理费   200 000
    贷：应付账款——××工程公司   200 000

记账凭证后面未附原始凭证。审计人员询问了相关人员，得知该企业当年经济效益较好。为了给今后留有余地，调节当年利润，该企业年终以车间修理为名，虚列提供劳务单位，虚列劳务费用 200 000 元，作为应付款项处理，从而使当年 12 月份的产品成本增加了 200 000 元。若 12 月份生产的产品全部完工入库，并已销售 60%，则结转的已销产品成本中自然也包括了制造费用中虚列的 60%费用，结果虚减了利润 120 000 元，相应也偷漏了企业所得税税款 30 000 元。

3. 问题

该企业虚列费用并计入应付账款内，致使企业当年费用虚增，利润减少，偷漏企业所得税税款。

4. 调账（该企业适用的所得税税率为 25%）

  借：应付账款   200 000
    贷：库存商品   80 000
      主营业务成本   120 000
  借：所得税费用   30 000
    贷：应交税费——应交所得税   30 000
  借：主营业务成本   120 000
    贷：所得税费用   30 000
      利润分配——未分配利润   90 000

补提盈余公积（按 10%补提）：

  借：利润分配——未分配利润   9 000
    贷：盈余公积   9 000

第三节 应付票据审计

一、应付票据核算的常见错弊及审计要点

1. 商业汇票的签发不合规

（1）表现形式

商业汇票的签发不合规表现为签发并承兑无合同的商业汇票或非法的商业汇票。

（2）审计要点

审查"应付票据"明细账，如果其摘要不清、账簿设置不合规，应审查其应付票据备查簿；如没有设置应付票据备查簿，则应进一步审查其合同和有关原始凭证，查明其真实性；

必要时，应与收款单位核对账目，以查证其存在的问题。

2. 应付票据长期挂账

（1）表现形式

应付票据长期挂账表现为企业将逾期应付票据不按规定转入应付账款或利用"应付票据"账户转移、截留收入，而使应付票据长期挂账。

（2）审计要点

审计人员应首先查证应付票据的真实性，在此基础上询问知情人员，调查有关情况，进行综合分析，查证存在的问题。

3. 错付票款

（1）表现形式

错付票款表现为银行失误，导致票款错汇。

（2）审计要点

审计人员应认真核对应付票据登记簿的收款单位、金额和付款期与银行寄来的商业汇票收款单位、金额和付款期是否一致，有无拖欠或提前支付及错付现象。

4. 应付票据票面金额与发票金额不一致

（1）表现形式

应付票据票面金额与发票金额不一致表现为企业为了本企业或个人牟取私利，虚开、虚列购货发票的金额，从而造成应付票据票面金额与发票金额不一致。

（2）审计要点

审计人员应认真核对票据金额与发票金额是否一致，如果不一致，应询问有关知情人员，查证有无利用票单差异从中收取好处费及其他非法活动。

二、应付票据审计案例

案例

1. 发现疑点

审计人员在审查某企业"应付票据"明细账时，发现该企业 2017 年 12 月 9 日根据 25# 记账凭证记录一笔业务。审计人员调阅了 25# 记账凭证，发现其会计分录为

借：银行存款　　　　　　　　　　　　　　　　　　　　　　　　　117 000
　　贷：应付票据——A 企业　　　　　　　　　　　　　　　　　　　117 000

该记账凭证所附原始凭证包括进账单一张，借 A 公司周转款的收据一张，企业签发并承兑的商业汇票一张，汇票利率为 10%。经向 A 公司了解，并对该企业有关当事人进行询问，证实该笔款是向 A 公司的借款。

3. 问题

该企业签发承兑商业汇票不合规,以签发商业汇票的形式掩饰从 A 公司拆借的资金。

4. 调账

审计人员应提请该企业作调账处理如下:

借:应付账款——A 公司　　　　　　　　　　　　　　117 000
　　贷:短期借款——A 公司　　　　　　　　　　　　　　117 000

第四节　固定资产审计

一、固定资产核算的常见错弊及审计要点

1. 混淆固定资产的确认界限

(1) 表现形式

① 将固定资产划入低值易耗品,然后采用一次摊销或分次摊销直接增加成本费用。

② 将不符合固定资产标准的资产划入固定资产进行管理,延缓其摊销速度,以达到减当期成本费用的目的。

(2) 审计要点

① 审查固定资产确认的书面规定。审计人员应检查被审计单位是否根据本单位的实际情况把固定资产的确认界限以书面形式确定下来,并在实际管理中得到贯彻执行。

② 审查固定资产与低值易耗品是否混淆。将固定资产管理卡片与"固定资产"明细账相互核对,"固定资产"明细账与记账凭证、原始凭证相核对,找出疑点和线索,并进一步追查,查明固定资产与低值易耗品是否产生了混淆。

③ 获取存在的固定资产均已入账的证据。以"固定资产"明细账为起点,进行实地追查,以证明会计记录所列固定资产是否确实存在,并了解其目前使用状况;也可以以实地观察为起点,与"固定资产"明细账核对,以获取存在的固定资产均已入账的证据。

④ 检查固定资产的所有权或控制权。对各类固定资产收集不同证据以确定其是否归企业所有。对外购的机器设备等固定资产,审核采购发票、采购合同等;对于房地产类固定资产,查阅有关合同、产权证明、财产税单、抵押借款的还款凭证、保险单等书面文件;对于融资租入的固定资产,检查有关融资租赁合同;对汽车等运输设备,检查有关运营证件等;对受抵押权限制的固定资产,结合有关负债项目进行检查。

2. 固定资产计价不准确、不合规

(1) 表现形式

① 固定资产计价方法选用错误。采用固定资产计价方法错误,如对于能确定原始价值的固定资产也采用重置价值计价。

② 固定资产价值构成错误。有的企业将与购入该项固定资产无关的费用支出，如差旅费，甚至旅游参观费等作为固定资产价值的组成部分；而有的企业则缩小固定资产成本构成范围，增大企业当期生产成本。

③ 随意变动固定资产的账面价值。已入账固定资产一般不得随意变动，只有符合以下几种情况才允许调整账面价值：根据国家规定对固定资产重新估价；增加设备或改良装置；将固定资产的一部分拆除；发现原计价错误，根据实际价值调整原有的账面价值。

（2）审计要点

审阅固定资产登记簿的"摘要"栏及检查固定资产卡片中的来源记录，确定固定资产来源，审核固定资产相关业务的会计凭证及有关单据，通过审阅、核对及复核计算有关会计资料，发现线索或疑点。

3. 账务处理错误

（1）表现形式

提前或推迟入账时间；借贷方向错误；记错入账价值；对应账户错误或账户对应关系不明确，难以判断经济业务的来龙去脉。

（2）审计要点

审计人员应通过审阅"固定资产"明细账的"对方科目"栏，分析判断有关账户对应关系是否正确。如果有疑点，再调阅与该笔固定资产有关的会计凭证及其所附的原始凭证，进行账证、证证核对，从而查明问题。

4. 其他问题

（1）表现形式

固定资产分类错误；盲目购进固定资产，出现大量闲置资产，降低了资金的使用效率，影响企业的经济效益，给企业造成损失。

（2）审计要点

① 检查固定资产的分类的正确性。分析固定资产分类汇总表，检查固定资产的分类是否正确。

② 采用分析程序，测试固定资产使用效率。

第一，计算固定资产原值与本期产量的比例，并与前期比较，可能发现闲置固定资产或已减少但未在账户中注销固定资产，进一步检查是否存在盲目采购或账务处理问题。

第二，将本期与以前各期比较，分析本期固定资产的增加或减少情况，审计人员应发现其增减情况，并根据被审计单位以往和今后的生产经营趋势，判断增减情况产生的原因是否合理。

第三，分析固定资产的构成及其增减变动情况，与在建工程、生产能力等相关信息交叉复核，分析固定资产相关金额的合理性和准确性。

③ 观察固定资产。实地观察固定资产，确认是否存在盲目购进固定资产等问题。

④ 全面审核与固定资产有关的会计资料。全面审核与固定资产有关的总账、明细账、会计凭证与原始凭证等会计资料，以发现疑点和问题。

二、固定资产审计案例

> **案例一**

1. 发现疑点

审计人员接受某企业的委托,对该企业某年度财务报表进行审计。在审计固定资产时,发现一笔对外捐出设备业务,该设备原值 100 000 元,已提折旧 50 000 元,已提固定资产减值准备 10 000 元。调出凭证如下:

借: 营业外支出 50 000
　　累计折旧 50 000
　贷: 固定资产 100 000

该凭证后未附任何原始凭证。

2. 追踪查证

审计人员对企业会计人员、经办人员及管理部门有关人员进行了调查,并与接受捐赠方取得联系。该设备是企业转产后不需要的一台设备,受赠方为某残疾人福利厂。经福利厂有关人员证实,该笔业务确是捐赠的,福利厂也没有发生与该设备相关的支出。

3. 问题

对外捐赠业务应通过"固定资产清理"账户进行核算,而且固定资产减少时,应冲销其相应的减值准备。该企业对外捐赠的固定资产存在核算错误。

4. 调账

对于该笔对外捐赠固定资产业务,正确的会计分录如下:

借: 固定资产清理 40 000
　　累计折旧 50 000
　　固定资产减值准备 10 000
　贷: 固定资产 100 000
借: 营业外支出 40 000
　贷: 固定资产清理 40 000

因此,审计人员应建议作审计调整分录如下:

① 借: 固定资产减值准备 10 000
　　贷: 营业外支出 10 000
② 假设该企业适用的所得税税率为 25%:
借: 所得税费用 2 500
　贷: 应交税费——应交所得税 2 500
③ 借: 营业外支出 10 000
　贷: 所得税费用 2 500

利润分配——未分配利润　　　　　　　　　　　　　　　　　　　7 500
　④ 按净利润的 10%提取盈余公积，50%分配给股东：
借：利润分配——未分配利润　　　　　　　　　　　　　　　　　　4 500
　　贷：盈余公积　　　　　　　　　　　　　　　　　　　　　　　　　　750
　　　　应付股利　　　　　　　　　　　　　　　　　　　　　　　　　3 750

案例二

1. 发现疑点

审计人员在对某企业 2017 年度原有固定资产与新增固定资产应计提的折旧额进行验证时发现，该企业全年计提的折旧额小于应计提的折旧额。经逐月核对发现，2017 年 10—12 月这 3 个月计提的折旧额不足。该企业 2017 年 9 月采用融资租赁方式租入了制冷设备一台，此后未发生固定资产增减业务。因此，审计人员怀疑该项融资租入的固定资产没有被计提折旧，而是作为了经营性租入固定资产。

2. 追踪查证

审计人员调阅了 2017 年 10—12 月计提折旧的 3 张转账凭证，通过审阅转账凭证后所附的固定资产折旧计算表发现，所差折旧额正是融资租入固定资产应计提的折旧额。经询问相关的人员得知，领导授意对该固定资产不提折旧。

3. 问题

根据领导的授意，会计人员故意少计提折旧，减少本期费用，增加利润，以大幅度增加年度利润额，为领导提供晋升资本。

4. 调账

借：管理费用——折旧费　　　　　　　　　　　　　　　　　　　45 000
　　贷：累计折旧　　　　　　　　　　　　　　　　　　　　　　　　45 000
假设该企业的所得税税率为 25%：
借：应交税费——应交所得税　　　　　　　　　　　　　　　　　11 250
　　贷：所得税费用　　　　　　　　　　　　　　　　　　　　　　　11 250
借：利润分配——未分配利润　　　　　　　　　　　　　　　　　33 750
　　所得税费用　　　　　　　　　　　　　　　　　　　　　　　11 250
　　贷：管理费用——折旧费　　　　　　　　　　　　　　　　　　45 000

案例三

1. 发现疑点

审计人员对某运输公司 2017 年的运行成本进行审计时发现，该年度修理费用比上年增长 26 万元（已扣除其他增长因素）。通过审阅"修理费"项目中金额较大的会计凭证，并进行简单统计发现，2017年，该运输公司共在某汽车修理厂发生修理费用 54 万元，占全年修理费用的 80%。

2. 追踪查证

审计人员调阅 2017 年 12 月 135#凭证，发现其会计分录为

借：生产成本——基本生产成本——外部修理费　　　　　　90 000
　　贷：其他应付款——某修理厂　　　　　　　　　　　　　　　90 000

而修理厂开具的发票日期却为 2018 年 1 月 17 日，且发票内容中的车辆数与价格有点牵强，未附修保工时等原始单据，审计人员怀疑该发票是虚开的发票。年末"其他应付款——某修理厂"账户贷方余额为 17.8 万元，年度借方发生额为 78.2 万元。

审计人员首先对上述 135#凭证进行了核实，发现该汽车修理厂开给运输公司的 9 万元支票并未作相应的账务处理有关会计人员证实，实际并未发生 9 万元的修理业务，这 9 万元是为弥补购车款的差额，经领导授意而开给运输公司的。审计人员以此为突破口，对两个单位间的往来账户进行了详查，终于真相大白。具体情况为：运输公司经理为增加创收渠道，并逃避税务部门的检查，虚列修理费用 20 万元（其中修理厂垫付 9 万元），购买了 4 辆客车（购车的全部手续均由运输公司以自己的名义办理，并单独设立了明细卡片），交由汽车修理厂经营管理。双方协定，运输公司每天收取 500 元，期限 5 年，5 年后交由运输公司管理使用。

3. 问题

该运输公司隐瞒固定资产购置业务，形成账外资产，这是较严重的舞弊行为。

4. 调账

借：固定资产　　　　　　　　　　　　　　　　　　　　　200 000
　　贷：生产成本——基本生产成本——修理费　　　　　　　　200 000

从修理厂收取的费用：

借：银行存款（500×天数，依据具体情况确定具体金额）
　　贷：其他业务收入
借：营业税金及附加
　　贷：应交税费——应交营业税

案例四

1. 发现疑点

审计人员在对甲单位的"固定资产"账户进行检查时发现，2017 年 12 月接受其他单位捐赠设备一台，价值 500 000 元，预计使用年限为 5 年，预计净残值为零。审计人员对以上接受捐赠的固定资产处理有异议。

2. 追踪查证

审计人员调出 2017 年 12 月 15#凭证，发现其会计分录为

借：固定资产　　　　　　　　　　　　　　　　　　　500 000
　　贷：资本公积——接受捐赠　　　　　　　　　　　　　　　500 000

3. 问题

按照最新《企业会计准则》的规定，企业在接受固定资产捐赠时，应贷记"营业外收入"账户，并计缴企业所得税。该企业没有计算递延所得税负债或所得税费用，而将接受捐赠的资产价值全部计入资本公积。

4. 调账

① 对 2017 年 12 月 15#凭证作调整分录如下：

借：资本公积——接受捐赠　　　　　　　　　　　　　500 000
　　贷：营业外收入　　　　　　　　　　　　　　　　　　　　500 000

② 计缴所得税费用，企业适用的所得税税率为 25%，分录如下：

借：所得税费用　　　　　　　　　　　　　　　　　　125 000
　　贷：应交税费——应交所得税　　　　　　　　　　　　　125 000

第五节　累计折旧审计

一、累计折旧核算的常见错弊与审计要点

1. 累计折旧账务处理混乱

（1）表现形式

在实际工作中，企业混淆制造费用与管理费用。与企业生产相关车间的固定资产，其折旧应计入制造费用；与企业行政管理相关的固定资产，其折旧应计入管理费用。

（2）审计要点

审计人员应审阅固定资产卡片和固定资产登记簿。固定资产使用场所和受益对象不同，固定资产折旧费用的入账科目也不同，审计时应将这些资料与"制造费用"明细账、"管理费用"明细账等有关会计资料相互核对，确定账务处理正确与否。

2. 累计折旧计提错误

（1）表现形式

可能导致折旧计算错误的因素有折旧年限的确定、折旧方法的选择和残值率的估计。

① 折旧年限与预计残值率的确定不合理。企业可根据本行业的特点和具体情况，在制度规定的范围内作出适当的选择，但不允许企业为了调节成本费用而任意确定折旧年限和残值率。

② 折旧方法选择不符合规定。一是国家不允许某些企业或某类固定资产选用加速折旧方法，这些企业未经批准擅自采用了加速折旧方法；二是有些属于技术进步快的企业，错误地选用了年限平均法或工作量法；三是某类固定资产应采用工作量法却采用了年限平均法。

（2）审计要点

审计人员应使用复算法、检查法、分析程序等方法对该账户核算作出判断，具体分析步骤如下：

① 审查固定资产累计折旧汇总表。将固定资产累计折旧汇总表与"固定资产"明细分类账、固定资产卡片相互核对，查看其数额是否一致，判断折旧额的计提有无差错。另外，还要与有关的会计核算规范相对照，确定固定资产计提折旧的范围，折旧方法的选用是否符合有关法规、制度的规定，其方法是否保持前后一致。

② 审查折旧总额的总体合理性。对累计折旧实施分析程序，对折旧总额的总体合理性进行复核，即用应计提折旧的固定资产乘以本期的折旧率。如果总的计算结果与被审计单位的折旧总额相近，则说明总体上合理。

③ 计算和比较累计折旧与固定资产总额的比率。计算本年计提折旧除以固定资产的比率，将此比率与上年作比较以发现本年度计提折旧的错误；计算累计折旧与固定资产总额的比率，将此比率与上年相比较，可能发现累计折旧核算的错误。

④ 复算固定资产计提折旧额的正确性。抽查一定期间的固定资产业务，通过复算，验证固定资产计提的折旧额有无差错。

3. 超龄使用的固定资产仍继续计提折旧

（1）表现形式

固定资产已经超龄使用，但仍继续计提累计折旧。

（2）审计要点

审计人员应先审阅固定资产折旧计算表、固定资产卡片和固定资产登记簿及有关会计资料，根据该企业对某项固定资产所采用的折旧年限，确定该固定资产是否存在超龄使用，然后与"累计折旧"明细账等有关会计资料相核对来确定是否仍继续计提折旧。

二、累计折旧审计案例

案例

1. 发现疑点

审计人员在审查海华股份有限公司 2017 年度固定资产折旧时，发现该年度 2016 年 12 月初新增已投入生产使用的机床一台，原价为 70 000 元，预计净残值为 10 000 元，预计使用年限为 5 年，使用年数总和法对该项固定资产计提折旧。其余固定资产计提方法却不是年数总和法。

2. 追踪查证

审计人员调查发现，该公司其余各类固定资产均用年限平均法计提折旧，且对这一事项在报表中未作披露。

3. 问题

根据上述情况，审计人员认为，该公司的固定资产折旧方法本期不一致，且未作充分披露，这是违反会计准则和会计制度的，并且对财务报表造成了一定的影响。

4. 调账

该事项对资产负债表和利润表的影响如下。

该机床用年数总和法计算的年折旧额=（70 000-10 000）×5÷15=20 000（元）

该机床用年限平均法计算的年折旧额=（70 000-10 000）÷5=12 000（元）

由于折旧方法的改变，本年度多提折旧额=20 000-12 000=8 000（元），资产负债表中的"累计折旧"项目增加 8 000 元，利润表中的"利润总额"项目减少 8 000 元。对此，审计人员要求被审单位在财务情况说明书中，对原值 70 000 元，预计净值残值 10 000 元，预计使用年限为 5 年的机床从使用年限平均法改为使用年数总和法进行折旧，使本年度折旧额增加 8 000 元，利润总额减少 8 000 元的情况予以披露。

第六节　在建工程审计

一、在建工程核算的常见错弊及审计要点

1. 资本性支出和收益性支出界限不清

（1）表现形式

① 应计入在建工程的项目被计入了期间费用。把应计入在建工程的项目计入了期间费用，虚减在建工程成本。

② 应计入期间费用的项目被计入了在建工程。把应计入期间费用的项目计入了在建工程，虚增在建工程成本。

（2）审计要点

① 审阅"在建工程"明细账、有关成本计算表及凭证。查明各项工程支出是否符合该项工程的成本开支范围和费用开支标准，数额的计算是否正确合理，有无随意列支现象。

② 审查借款利息的处理。审计人员在进行账户检查时，应注意借款利息发生的时间界限，并与有关资料相对照，以判断是否将混淆资本性支出和收益性支出混淆。

2. 在建工程计价错误

（1）表现形式

在建工程完工后，存在工程余料，未冲减工程成本，造成在建工程成本不实。

（2）审计要点

① 核对"在建工程"总账与"在建工程"明细账的余额。将"在建工程"总账与"在

建工程"明细账的余额进行核对，以发现账户记录及核算上可能出现的错弊。

② 审查在建工程成本构成的正确性。把在建工程清单与"在建工程"明细账、计划预算等进行核对，把明细账与有关会计凭证核对，审查在建工程成本的具体构成。

③ 实地盘点在建工程。结合账目审阅情况，实施实地盘点，对"在建工程"账户记录及核算上可能出现的错误作出评价。

3. 在建工程会计处理错弊

（1）表现形式

未按规定进行明细分类核算；账户借贷记录不正确；账户对应关系不明或错误；竣工决算交付使用之后未能及时结转成本。

（2）审计要点

① 从明细账入手，追查有关凭证。从审阅"在建工程"明细账入手，抽查有关会计凭证，查明会计科目的运用是否正确，金额是否一致。

② 实地观察在建工程。通过实地观察在建工程，审查是否存在已交付使用但尚未办理竣工结算手续，未及时进行会计处理的在建工程项目。

二、在建工程审计案例

案例一

1. 发现疑点

审计人员在审查某公司 2017 年"在建工程"账户时，发现一笔 3 600 000 元的在建工程长期挂账，怀疑核算有误。

2. 追踪查证

审计人员实地查看该建设项目并检查 2017 年 1 月该工程项目的竣工结算报告、验收交接单等相关凭证，发现该项目已于 2017 年 1 月交付给该公司作为办公大楼使用。

3. 问题

企业为了达到调节利润的目的，将已交付使用的固定资产挂列在在建工程上，从而少提折旧。

4. 调账

该项固定资产的预计净残值为 10%，可使用 40 年。应编制会计分录如下：

借：固定资产　　　　　　　　　　　　　　　　　　3 600 000
　　贷：在建工程　　　　　　　　　　　　　　　　　　　　3 600 000
借：管理费用　　　　　　　　74 250[3 600 000×（1-10%）×11÷480]
　　贷：累计折旧　　　　　　　　　　　　　　　　　　　　74 250
借：应交税费——应交所得税　　　　　　　　　　　18 562.50

贷：所得税费用　　　　　　　　　　　　　　　　　　　　18 562.50
　借：所得税费用　　　　　　　　　　　　　　　　　　　　18 562.50
　　　利润分配——未分配利润　　　　　　　　　　　　　　55 687.50
　　　贷：管理费用　　　　　　74 250
冲减提取的盈余公积（10%）和分配的股利（50%）的分录如下：
　借：盈余公积　　　　　　　　　　　　　　　　　　　　　5 568.75
　　　应付股利　　　　　　　　　　　　　　　　　　　　　27 843.75
　　　贷：利润分配——未分配利润　　　　　　　　　　　　33 412.50

案例二

1. 发现疑点

审计人员接受委托对某企业 2017 年度财务报表进行审计，审查该企业自营建造的一幢办公楼时发现其实际投资额与现实状况不符，怀疑可能有将工程支出计入生产成本和费用的情况。

2. 追踪查证

审计人员审查了该企业当年度的产品成本，发现其产品单位成本水平 1—6 月高于以往任何时期，而且同时期的管理费用也高于正常情况。根据这一线索，审计人员详细审阅了该期间的生产领料单，发现领料单中所载原材料 100 吨，总额 150 万元，是该工程所需用料，并非生产所用。另外，审计人员通过调查，确定了在建工程管理人员名单，对照工资分配表中所列姓名，发现在建工程人员的工资列入了当期管理费用，共计 5 万元。

3. 问题

"在建工程"账户核算企业为工程所发生的实际支出，无论是工程用料还是工程管理人员工资，都是企业为在建工程所发生的支出，因此都应通过"在建工程"账户核算。但本企业有意模糊资本性支出和收益性支出的界限，虚增了生产成本和期间费用，影响了利润的恰当披露，同时也造成了在建工程成本计算的错误。

4. 调账

① 借：在建工程　　　　　　　　　　　　　　　　　　　　1 550 000
　　　贷：库存商品　　　　　　　　　　　　　　　　　　　1 500 000
　　　　　管理费用　　　　　　　　　　　　　　　　　　　　　50 000
多计的生产费用 1 500 000 元已转为库存商品成本。
② 借：所得税费用　　　　　　　　　　　　　　　　　　　　　12 500
　　　贷：应交税费——应交所得税　　　　　　　　　　　　　12 500
③ 借：管理费用　　　　　　　　　　　　　　　　　　　　　　50 000
　　　贷：所得税费用　　　　　　　　　　　　　　　　　　　12 500

　　　　利润分配——未分配利润　　　　　　　　　　　　　　　　　37 500

④ 企业按 10%提取盈余公积，50%分配股利，其会计分录如下：

借：利润分配——未分配利润　　　　　　　　　　　　　22 500
　　贷：盈余公积　　　　　　　　　　　　　　　　　　　　3 750
　　　　应付股利　　　　　　　　　　　　　　　　　　　　18 750

第四章

生产与存货循环审计

第一节　生产成本审计

一、生产成本核算的常见错弊与审计要点

1. 将不属于产品成本负担的费用支出列入直接材料费等成本项目

（1）表现形式

如将自营建造工程领用的材料列入生产成本的"直接材料"项目。这样做违反了成本、费用的开支范围规定，把不应计入成本、费用的支出计入了产品成本，少计了利润，偷漏所得税。

（2）审计要点

对于这类问题，审计人员首先应审阅企业"在建工程"明细账，根据"在建工程"明细账的记录进行业务内容的分析，从工程成本的材料成本水平、动力费水平和工资水平等项目中找出疑点，进一步查证"成本计算"明细账。

2. 将不属于本期产品成本负担的材料费用支出一次全部列作本期成本项目

（1）表现形式

如将几个月产品成本负担的材料、燃料费用一次列入当期的产品成本项目。上述做法没有正确划分各月份的费用界限，违反了权责发生制的原则，可以使企业迟纳所得税，调节不同会计期间利润。

（2）审计要点

审计人员在审阅产品成本计算单时，若发现直接材料成本费用项目有的月份高，有的月份低，应查阅生产统计报表，扣除由于产量的变动造成的材料成本的高低变化，随后到材料库查询有关材料明细账，查实后确定问题。

3. 将对外投资的支出计入成本、费用项目

（1）表现形式

如企业以材料物资向其他企业进行投资时，不反映在"长期股权投资"账户中，而列入成本、费用项目中。这样，一方面增加了产品成本，减少了利润，可少交所得税；另一方面

隐藏了投资收益，少计利润，少交企业所得税。

(2) 审计要点

审计人员审阅银行存款日记账时，根据银行存款日记账的摘要记录"大宗存款"进一步调阅凭证，调查该笔汇款是否是投资收益。

4. 将应属于成本项目的费用支出列入其他支出

(1) 表现形式

如将车间固定资产修理费用列入了"在建工程"项目，虚降了成本。

(2) 审计要点

审计人员在审阅"在建工程"明细账时，若发现工程造价超过工程预算比较多，应调查企业修理费的处理方式。

5. 将福利费开支列入成本项目

(1) 表现形式

将福利部门人员工资等列入"直接人工费成本"项目。这种做法违反了成本、费用开支的范围规定，加大了成本，减少了利润。

(2) 审计要点

审计人员应审阅工资计算单及工资费用分配表，检查人工费用的处理是否符合成本、费用的开支范围，人工费用的开支标准是否合理。

6. 回收的废料没有冲减当月的领料数

(1) 表现形式

将回收的废料收集起来，不冲减当月的领料数，而作为账外物资处理。

(2) 审计要点

审计人员在查账之前要了解企业的生产情况。在审计过程中，若发现生产过程有废料回收，应去材料库查询，查阅领退料的有关制度，审阅有关材料明细账，确定其是否存在问题。

7. 将属于产成品的成本费用计入在产品成本

(1) 表现形式

如月末在产品还需较大工作量加工才能制成产成品，选择了在产品成本按产成品成本计算法，使得在产品成本加大，产成品成本减少，少计成本，虚增利润。

(2) 审计要点

审计人员对被查单位的产品生产、工艺过程等要有清楚的了解。根据生产科报送的生产统计报表，了解在产品的加工过程，审阅生产成本计算单，确定问题所在。

8. 将不属于在产品的费用计入在产品成本

(1) 表现形式

如对产成品与在产品分配费用时，错误地采用在产品成本按所耗原材料费用计价法，将应计入在产品成本的燃料和动力费、直接人工费等费用，全部计入产成品成本，从而少计在产品成本，少计利润，少纳企业所得税。

在产品成本按所耗原材料费用计价法适用于原材料费用在成本中所占比重较大的产品，在实际工作中，对原材料费用占产成品成本的比重并没有具体规定。某些企业就是利用没有具体标准的机会，在成本计算时脱离实质，错误地采用该计算方法。

（2）审计要点

审计人员应审阅生产成本计算单或明细账，查证产成品与在产品费用的分配方法，然后计算原材料成本占总成本的比重。

9. 产成品与在产品费用分配方法选择不当

（1）表现形式

如采用在产品按定额成本计价法，但企业的各项消耗定额、费用定额根本不准，或长时间对定额没有修改，导致在产品定额成本与在产品实际成本之间的差异增大，而且全部由产成品负担，不能如实反映产品的实际成本，影响利润的准确性。

（2）审计要点

审计人员应审阅生产成本计算单或明细账，审查该企业选用的是何种分配方法，是否符合该企业的实际情况，运用验算法检查产成品与在产品费用分配额是否正确。

10. 故意低估在产品的完工程度

（1）表现形式

在产品数量乘以完工程度，就是在产品的约当产量。所以估计的完工程度越低，计算的在产品约当产量就越少。这样在进行产成品与在产品费用分配时，在产品的成本将会很小，产成品成本很大，可达到少计利润、少纳企业所得税的目的。

（2）审计要点

审计人员应核实在产品的完工程度，进一步审阅各工序完工率，判断完工程度是否有意被压低。

11. 虚拟在产品数量

（1）表现形式

某些企业虚拟在产品数量，增加在产品成本。

（2）审计要点

审计人员应审阅在产品收发结存账，将该账记录与实物进行核对，若发现账面数量大于在产品实物数量，则存在虚列在产品数量的现象。

二、生产成本审计案例

案例

1. 发现疑点

审计人员在审查某企业2017年的"原材料"明细账时发现该企业2月和3月发出原材

料数量明显偏高。该企业会计人员的解释是这两个月订单多,产量大,所以领料也相应多。

2. 追踪查证

审计人员首先到库房检查"原材料出入库"明细账,发现发料账实相符;再到生产车间了解、核实生产记录,发现年内各个月份生产量虽有波动,但按照原材料消耗量来推断生产量,这两个月原材料领用明显偏多。经过认真核算,审计人员发现这两个月该公司领用原材料多出了 300 000 元。财务人员承认多领料,造成账外料 300 000 元。他们希望在利润较多时多计成本,实现少交企业所得税,以备在市场不景气时调整利润。

在审计人员的再三追问下,财务人员提供了另一个仓库,仓库内储存的都是账外料。经过盘点,总计金额 300 000 元,对于这些账外料,企业随领随用,也有一部分卖掉了,从而形成账外的"小金库"。

3. 问题

企业通过以领代耗的方式形成账外料库,影响企业的经营成果,虚增成本,虚减利润,财务会计指标失实。

4. 调账

借:原材料　　　　　　　　　　　　　　　　　　　100 000
　　低值易耗品　　　　　　　　　　　　　　　　　200 000
　贷:生产成本　　　　　　　　　　　　　　　　　　300 000

第二节　制造费用审计

一、制造费用核算的常见错弊与审计要点

1. 购进核算不正确,形成账外资产

(1) 表现形式

有些企业为了简化核算工作,购进低值易耗品、包装物时直接以"制造费用"列支,形成大量的账外资产,造成企业资产流失和浪费。

(2) 审计要点

审计人员审阅"制造费用"明细账及银行存款日记账摘要,发现线索后再进一步查阅有关的会计凭证。如果存在这类问题,往往会出现账证、证证不符现象。

2. 制造费用的发生和分配不合理、不正确

(1) 表现形式

有些企业在制造费用的发生与分配过程中,出现了制造费用分配过多或过少的现象,直接影响产品成本核算的准确性。

(2) 审计要点

审计人员应首先获取或编制制造费用明细表，并进行必要的复核，对企业本期制造费用发生情况执行分析程序，验证其总体合理性，检查制造费用发生额及其相关账务处理。

3. 将不属于制造费用内容的支出列作制造费用

(1) 表现形式

将不属于产品成本开支范围的在建工程的人工费，在工资费用分配时计入制造费用。

(2) 审计要点

审计人员应首先审阅"制造费用"明细账，再审阅制造费用计划，若费用超支较多，则怀疑把不该列入制造费用的支出列入了"制造费用"项目。进一步审阅"在建工程"明细账、工资费用分配表，最后进行核对，综合分析、确定问题。

4. 将属于期间费用的支出列作制造费用

(1) 表现形式

如把车间工人外出学习的培训费用列入制造费用。

(2) 审计要点

审计人员应首先审阅"制造费用"明细账，根据摘要记录，确定费用支出的实际内容，查阅记账凭证，确定问题性质。

5. 将不属于当月的费用列入当月制造费用

(1) 表现形式

如把 11 月份支付的冬季取暖费一次全部列入当月的制造费用。

(2) 审计要点

审计人员首先应当审阅"制造费用"明细账摘要，确定支付的经济内容，再与有关原始凭证核对，确定是否存在问题。

6. 将属于制造费用列支的费用未列作制造费用

(1) 表现形式

如将车间的工资费用列入在建工程，虚增企业的利润，不仅使成本和费用得不到应有的补偿，而且还会影响企业生产经营的顺利进行。

(2) 审计要点

审计人员应审阅"在建工程""制造费用"明细账，若发现疑点和线索，则核对原始凭证，调查了解该项经济业务的具体内容，查证问题所在。

7. 任意提高费用开支标准，加大生产成本中的制造费用项目金额

(1) 表现形式

如缩短固定资产使用年限，或扩大提取折旧的固定资产范围，以提高折旧率。计入制造费用的折旧额增大后，加大了产品成本，可少计利润，减少企业应缴纳的所得税。

(2) 审计要点

已经确定的折旧方法、折旧率，不能被任意改动。因此，审计人员在审阅"累计折旧"

明细账时，若发现某月提取的折旧额有变化，应进一步审查"固定资产"总账及有关明细账，确定提取的折旧额的变化是因为设备增减造成的，还是折旧方法、折旧率变化所致，以便确定其问题性质。

二、制造费用审计案例

案例

1. 发现疑点

审计人员在审阅某企业 2017 年 6 月份总分类账时，发现"制造费用"账户借方发生额与上月相比增加了 78 000 元，与该月的制造费用计划相比增加了 78 000 元。审计人员在审查 6 月份"制造费用"明细账时发现，其中有一笔记录的摘要中注明"固定资产安装费"字样，金额 80 000 元。审计人员将该笔记账凭证调出，账务处理如下：

借：制造费用——固定资产安装费　　　　　　　　　　　　80 000
　　贷：银行存款　　　　　　　　　　　　　　　　　　　　　　80 000

审计人员随后审阅了记账凭证所附的原始凭证（一张发票和转账支票存根），其中的发票证明该笔费用是车间支付给某施工队的车床安装费。

2. 追踪查证

车床作为企业的固定资产，发生的安装费应首先计入"在建工程"账户，待安装完毕后再转入"固定资产"账户，形成固定资产价值的一部分。很明显，该企业将车床的安装费直接计入"制造费用"账户的处理方法是错误的。

3. 问题

该企业故意将固定资产的安装费充当修理费列入了企业的制造费用，增加了产品的成本，目的是少缴纳当期所得税。

4. 调账

如果问题在当月查清，则应作如下分录：

借：在建工程　　　　　　　　　　　　　　　　　　　　　80 000
　　贷：制造费用　　　　　　　　　　　　　　　　　　　　　80 000

如果问题是在年终结账后查清（认为虚增了被审年度 80 000 元的主营业务成本，不考虑折旧的影响），所得税税率为 25%，盈余公积提取率为 10%，则应作以下账务处理：

借：在建工程（固定资产）——车床　　　　　　　　　　　80 000
　　贷：主营业务成本　　　　　　　　　　　　　　　　　　　80 000
借：所得税费用　　　　　　　　　　　　　　　　　　　　20 000
　　贷：应交税费——应交所得税　　　　　　　　　　　　　　20 000
借：在建工程（固定资产）——车床　　　　　　　　　　　80 000
　　贷：以前年度损益调整　　　　　　　　　　　　　　　　　60 000

```
        应交税费——应交所得税                    20 000
  借: 主营业务成本                        80 000
     贷: 利润分配——未分配利润                  60 000
        所得税费用                        20 000
  借: 利润分配——未分配利润                  6 000
     贷: 盈余公积                         6 000
```

第三节　应付职工薪酬审计

一、应付职工薪酬核算的常见错弊与审计要点

1. 将企业其他费用计入"应付职工薪酬"账户

（1）表现形式

针对应支付给职工的债券利息，企业一方面作计提债券利息的会计处理，增加财务费用，另一方面借记"应付职工薪酬"账户，贷记"银行存款"账户，支付职工的债券利息，然后又分配应付职工薪酬，借计相关费用，从而重复列支费用，导致当期利润减少。

（2）审计要点

审计人员首先应当采用顺查法和审阅法，按照现行账务处理程序审计企业工时记录、考勤记录、工资结算单、工资费用分配表和相关记账凭证的记录。在审阅"工资费用"明细分类账、相关记账凭证、原始凭证的过程中，采用核对法，将企业的工时记录和工资表的应付工资实际金额与企业工资分配表中各项目的数额进行核对，看其实际工时记录与工资结算单是否一致。然后采用复算法，复核企业工资费用的分配数据，用以与企业账面应付工资金额进行核对。如果发现有应付工资金额与工资费用的分配金额不一致的项目或者疑点，应进一步核实各相关账户记录的工资费用和企业实际工资数额差额的真实情况，进而查明出现差额的原因。

2. 冒领工资，扩大"小金库"

（1）表现形式

有些企业或企业的下属部门，为了私存部分现金，采用虚报考勤和虚报加班工时等方式，将多领工资存入"小金库"。其具体做法是：编制两份工资计算明细表，一份依据实际考勤编制；另一份则以虚报考勤编制，把职工的病事假等缺勤日数，部分或全部作为出勤日数，以虚报的工资计算明细表领取现金，再以实际工资计算明细表向职工发放工资，工资发放后的差额（即冒领的工资）被存入"小金库"。而分配工资费用时，仍按虚假工资总额进行分配，计入"生产成本"和"制造费用"等有关账户，导致虚增企业产品成本。

（2）审计要点

① 审计人员应主要采用审阅法、核对法、调查法和复算法等技术方法。审查工资的发放和分配的过程，首先审阅企业车间班组的原始考勤记录，再依据这一原始工时记录审阅各

车间依照班组的实际出勤记录汇总上报的考勤报表，以及工资计算明细表，查看二者是否一致。如果存在不相符合的情况，则应逐一对照。对于出勤日数在两表反映不一致的人员，应列表计算虚列的工时数与实际出勤工时的差额。

② 查看企业职工工资的领发手续是否合规、合理。如果工资计算明细表中"领款人签章"栏没有本人签章或一人代多人签章，则说明手续不完备或者有冒领的可能。

③ 审查虚报考勤、冒领工资的舞弊行为。在调查这些人员之后，可能另外还有一份职工实领工资时签章的企业工资计算明细表，顺着线索，就可以查清虚报考勤、冒领工资的舞弊行为。

3. 扩大工资总额，多提福利费

（1）表现形式

有些企业为了多提职工福利费，采取增加工资总额、扩大计提福利费的基数的手段，把企业发放的各种奖金及津贴全部加入计提职工福利费的工资总额之内，甚至连发放的离退休人员工资也加入计提职工福利费的工资总额之内。

（2）审计要点

一般采用顺查法、审阅法、核对法等技术方法。这种审查，通常是从审阅企业的工资结算单开始，在审查确认企业全部工资总额和提取职工福利的工资总额的基础上，按现行会计制度的要求，审查职工福利费的计算、提取及分配。审阅工资结算单时，应注意审查企业工资总额的构成是否正确，查看其他扩大范围的项目和内容。如果有不应列入工资总额的项目及其金额，应予以剔除。在对企业全部工资总额审查确定的基础上，进一步审查企业提取职工福利费的工资总额的计算是否正确，如果有各种奖金和离退休人员的工资等，应当全部扣除。为了能够较为准确地查证提取职工福利费的正确性和合规性，可采取穿行测试法，按照现行会计制度规定重新执行提取职工福利费的全过程，计算职工福利费的正确数额，然后将查证的数额与企业的应付职工薪酬中职工福利费的提取金额对照，查看其是否一致。如果企业的账面数额大于应计提的数额，则其差额绝大多数为企业多提取的职工福利费。

4. 职工福利费支出挤占成本费用

（1）表现形式

① 将福利费支出计入"制造费用"和"管理费用"账户。有的企业将应在"应付职工薪酬"账户中列支的各种食堂设施的购置费及修理费，以及其他集体福利支出计入"制造费用"和"管理费用"账户。

② 将福利人员职工薪酬计入"制造费用"和"管理费用"账户。有的企业将企业内的幼儿园、托儿所、医务人员、理发室、职工浴室等福利部门人员的工资及其提取的福利费用，全部计入"制造费用"和"管理费用"账户。

③ 有的企业将全年的职工福利费的超支部分，于年终转入"管理费用"账户，从而挤占企业当年利润。

（2）审计要点

① 审查职工福利费计提和支出处理。审阅"应付职工薪酬——职工福利""管理费用"

"制造费用"明细分类账,以及会计凭证,查看其是否存在将应在"应付职工薪酬——职工福利"账户中列支的职工医药费、医疗机构人员的工资、医务经费、职工因公负伤后赴外地就医的医疗费、路费,以及生活福利部门人员的工资、职工生活困难补助、集体福利设施、食堂炊具的购置和修理费及国家规定的其他职工福利支出计入"管理费用""制造费用"等账户的现象。

② 审查职工福利费用全年实际支出数与提取数差额的处理。除了检查企业上述各项实际开支外,还应当检查职工福利费用全年实际支出数大于提取数的差额,看是否有将超支金额转入费用账户的情况。如果存在将超支福利费转费用账户的情况,应该分别按明细分类项目逐项核实企业实际结转的数额。

5. 不通过"应付职工薪酬"账户发放奖金

(1) 表现形式

不通过"应付职工薪酬"账户进行核算企业发放的奖金,而将发放的奖金直接计入管理费用或销售费用之中,从而逃避了监督,隐瞒了费用真相。其直接目的是保留工资基金或不超出财政部门核定的工资基数,还可通过重复列支费用虚减利润,漏缴企业所得税,如作如下分录。

　借:管理费用(销售费用)
　　　贷:库存现金

(2) 审计要点

采用审阅法、核对法和复核法等技术方法进行检查。

① 检查"销售费用""管理费用"等账户中的工资明细分类账,对各账户列支的工资进行加总计算。

② 审阅"应付职工薪酬"账户贷方发生额,将"应付职工薪酬"账户中职工工资的计提总金额与实际列支的工资总额进行对比,如果后者大于前者,就应追踪审查两者对应的凭证,对两者相对应编号的会计凭证进行核对。如果在"应付职工薪酬"账户中找不到支付的工资或奖金的凭证编号及有关记录,进一步审查该凭证,即可检查出不通过"应付职工薪酬"账户直接将奖金在费用中列支的行为。

二、应付职工薪酬审计案例

案例一

1. 发现疑点

审计人员在 2017 年审查某企业 6 月份的工资结算单时发现,该企业行政管理部门李东连续 5 个月的工资共计 10 000 元均由章宏代领。审计人员怀疑有冒领工资的可能。

2. 追踪查证

审计人员从人事部门调阅了该企业的人事档案,发现李东 5 个月前已调离该单位,章宏在管理部门工作。经向当事人章宏询问,证实该企业由于会计部门对工资管理不严,调出人员工资不及时予以注销，以致章宏乘机冒领贪污。该企业职工福利费用计提比例为14%。

3. 问题

该企业管理部门职工章宏利用管理制度的缺陷冒领工资。

4. 调账

章宏退回冒领的工资款，并作调账分录如下：

借：其他应收款——章宏　　　　　　　　　　　10 000
　　应付职工薪酬——职工福利　　　　　　　　 1 400
　　贷：管理费用　　　　　　　　　　　　　　　　　　11 400

案例二

1. 发现疑点

审计人员在审查某企业2017年"应付职工薪酬"账户时发现，12月份工资比11月份工资多出10 000元，怀疑有虚列工资和其他项目现象。

2. 追踪查证

审计人员调阅该企业12月份应付工资的原始凭证，发现在工资结算单中，食堂人员工资为9 000元，附食堂负责人收据两张，未具体列明发放人员工资名单。审计人员又询问了食堂人员，相关人员供认领取的工资10 000元实际上是本月全体职工的招待费，并提供原始记录。

3. 问题

被审计单位利用"应付职工薪酬"账户掩饰已经超支的业务招待费，偷漏税款。

4. 调账

由于当年的账户没有结账，无须作调账处理，只需更正"管理费用"明细账。

案例三

1. 发现疑点

审计人员在审查某企业"应付职工薪酬"账户时，发现该月计提职工福利费为140 000元（36#凭证），账户中显示该月应付工资额度为500 000元。审计人员通过计算，发现计提比例为28%，怀疑有超标准计提现象。

2. 最终查证

审计人员调阅该企业本月工资结算单，发现在职职工工资总额为500 000元，离退休

人员工资总额为 500 000 元，共计 1 000 000 元。调阅 36#凭证，得知其会计分录为

借：管理费用　　　　　　　　　　　　　　　　　　　　　　140 000
　　贷：应付职工薪酬——职工福利　　　　　　　　　　　　　　　　140 000

查阅其所附的原始凭证（福利费计算单），得知计算过程为 1 000 000×14% = 140 000（元）。

3. 问题

按规定，离退休人员工资不提福利费。被审计单位将离退休人员工资与在职人员工资一起计提，旨在多计费用，多提福利费，少交税款。

4. 调账

对于多提的福利费应转出，并补交企业所得税。补交企业所得税为 70 000×25% = 17 500（元）。

调整分录如下：

借：应付职工薪酬——职工福利　　　　　　　　　　　　　　　70 000
　　贷：管理费用　　　　　　　　　　　　　　　　　　　　　　　　70 000
借：所得税费用　　　　　　　　　　　　　　　　　　　　　　17 500
　　贷：应交税费——应交所得税　　　　　　　　　　　　　　　　　17 500
借：管理费用　　　　　　　　　　　　　　　　　　　　　　　70 000
　　贷：所得税费用　　　　　　　　　　　　　　　　　　　　　　　17 500
　　　　利润分配——未分配利润　　　　　　　　　　　　　　　　　52 500
借：应交税费——应交所得税　　　　　　　　　　　　　　　　17 500
　　贷：银行存款　　　　　　　　　　　　　　　　　　　　　　　　17 500

案例四

1. 发现疑点

审计人员在审计 A 企业 2017 年"应付职工薪酬"账户时发现该企业当年 5 月份发放工资比其他月份高出 100 000 元，核对工资分配记录和"管理费用""制造费用"等账户，发现记录在管理费用中的工资较其他月份多出 100 000 元。

2. 追踪查证

审计人员审查了该企业的工资计算单，并查阅了人事部门的人员档案，发现该企业 5 月份并没有增加人员，6 月份的记录很正常。但审计人员审查应付债券时，发现该企业在支付应付债券利息时仅仅支付了一部分，于是立即审查了企业发行债券和利息支付的资料，发现企业上年 5 月份发行 5 年期公司债券 5 000 000 元，年利率为 10%，每年 5 月 6 日付息一次，其中本公司职工购买 1 000 000 元，企业共计提利息 500 000 元，计入了财务费用。5 月份支付外单位利息时，企业作如下会计分录：

借：应付利息   400 000
　　贷：银行存款   400 000

而对于本单位职工购买债券的 100 000 元的利息支付，审计人员没有在账面上找到。审计人员联想到审计 "应付职工薪酬" 账户时多计的 100 000 元的工资，基本上明白了企业的问题所在。

3. 问题

企业计提全部债券利息 5 000 000 元，计入了财务费用。以 "应付利息" 账户支付了职工外的债券利息 400 000 元，但未以 "应付利息" 账户支付职工债券利息 100 000 元，以 "应付职工薪酬" 账户支付该职工债券利息 100 000 元，又分配应付职工薪酬到 "管理费用"。导致职工债券利息 100 000 元既被计入财务费用，又被计入管理费用，多计企业费用。

4. 调账

应作如下调整分录：
借：应付利息   100 000
　　贷：管理费用   100 000

第四节　原材料审计

一、原材料核算的常见错弊与审计要点

1. 外购材料成本中有关采购费用计入当期损益

（1）表现形式

根据会计制度的规定，企业外购材料所发生的采购费用及运输途中的合理损耗均应计入所购材料的成本，但在实际工作中，有些企业将采购费用直接以 "管理费用" 列支，从而造成成本不实，影响本期及以后各期经营成果的准确性。

（2）审计要点

审计人员对这类问题可以通过查阅银行存款日记账、"管理费用" 明细账摘要及相关的会计凭证发现线索或疑点，在此基础上进一步地查证。

2. 外购材料的入库价格不准确，使前后各期缺乏可比性

（1）表现形式

原材料按计划成本进行核算的企业，其计划成本的确定存在随意性和多变性，给存货的管理和核算带来一定的困难。

（2）审计要点

审计人员可以通过抽查的方法查找线索，比较某一种或几种原材料前后各期的入库计划

单位价格是否一致，并在此基础上调查询问有关人员。

3. 按计划成本和按实际成本计价的选择不正确

（1）表现形式

有些中小型企业，原材料种类不多，存货管理制度不够健全，却选用按计划成本计价，造成存货的确定缺乏依据和稳定性；而一些大企业存货品种多，却采用按实际成本计价，从而增加了核算工作量。

（2）审计要点

审计人员应先了解该企业选用何种方法，然后调查该企业存货管理和核算方面的基本情况，了解其选用的方法是否合理。

4. 随意变更发出存货的计价方法

（1）表现形式

通过人为地变更计价方法来调节生产或销售成本，调节当期利润。例如，某企业某年选用先进先出法计算发出存货的成本，但由于受多种因素的影响，该存货购进价格上扬时改用月末加权平均法计算，购进价格下降时再用先进先出法计算。

（2）审计要点

审计人员应查阅有关财务指标，分析对比各个会计期间财务指标有无异常变化，并查阅有关存货明细账，核查各期采用的计价方法是否一致。发现线索后，通过询问当事人等途径查证问题。

5. 人为地多计或少计原材料发出成本

（1）表现形式

① 计划成本法下的表现形式。按计划成本核算的企业，有意确定较高的计划成本，使计划成本远远高于实际成本，表现为"材料成本差异"账户贷方有余额，领用存货时按计划成本数额转入"生产成本"等账户，但月末结转材料成本差异时故意以较大的材料成本差异率调整发出材料的计划成本，从而人为地调高了当期生产成本水平，进而加大了产成品的成本，隐匿利润。有些企业则相反，有意确定较低的计划成本，并以较小的材料成本差异率调整发出材料的计划成本，达到虚报利润的目的。

② 实际成本的表现形式。用实际成本计价的企业，计算库存商品和主营业务成本时不按照规定的程序和方法正确地运用计价方法，而是故意多转或少转主营业务成本。例如，使用加权平均法计价时故意按高于或低于正确的加权平均单价的价格计算发出商品的成本。再如，根据企业的需要来确定每批商品的单价，而不是根据账面记录，按规定程序和方法确定发出存货单价。

（2）审计要点

① 审查计划成本法下的舞弊。对于第一种舞弊形式，一般表现为材料成本差异率与以前各期相比有较大波动，当期生产成本、销售成本、利润等指标呈现较大波动状况。审计人员应通过审阅、核实会计资料，复核被审单位有关计算结果等发现线索，再作进一步的调查、询问和查证。

② 审查实际成本法下的舞弊。对于第二种舞弊，审计人员对比各期的销售数量和成本水平，抽查并复核"存货"明细账贷方记录，复算被审计单位的计算结果。

6. 原材料购进时对增值税的处理不正确

（1）表现形式

一般纳税企业将增值税计入存货成本，造成存货成本虚增，利润不实，加大消费者的负担。

（2）审计要点

审计人员应查阅"应交税费——应交增值税"明细账及相关的会计凭证发现线索，重点审核增值税专用发票，了解账证、证证是否相符。

7. 减少原材料时不冲减增值税进项税额

（1）表现形式

① 进货退回业务舞弊。发生进货退回业务，将本应冲减"应交税费——应交增值税（进项税额）"账户退回的增值税税款作为应付账款、营业外收入或其他业务收入处理，从而达到多抵扣、少交增值税的目的。

② 改变存货用途或发生非常损失时的舞弊。改变存货用途或发生非常损失时，在注销相应存货的同时，有意不结转相应的进项税额，以达到多抵扣、少交增值税的目的。

（2）审计要点

审计人员应审阅有关存货明细账贷方记录及对应账户，审查相应的记账凭证和原始凭证，然后作进一步的询问、调查，以查清问题。

8. 接受捐赠的原材料不入账

（1）表现形式

接受捐赠的存货不入账，形成账外财产或有意将其出售后形成"小金库"。

（2）审计要点

审计人员询问当事人，进行账实核对等以发现线索。

9. 存货溢缺、毁损的会计处理不正确、不合理

（1）表现形式

① 把应由责任人赔偿的短缺损失作为企业的营业外支出、销售费用、管理费用等处理。

② 把属于供货方多发等原因造成的存货溢余私分或账外出售作为"小金库"处理等。

（2）审计要点

审计人员应查阅"营业外支出"明细账，或在审阅有关会计凭证，发现问题后通过调查、询问有关人员、有关单位，查证"小金库"等问题。

10. 发出存货的会计处理不正确

（1）表现形式

例如，发出的存货应计入"在建工程"账户，却计入了"生产成本"账户；生产领用的

包装物应计入"生产成本"账户,却计入了"销售费用"账户。

(2)审计要点

审计人员应审查各类明细账户,查阅摘要,并进行账证核对,审阅账户的使用是否准确。

二、原材料审计案例

案例一

1. 发现疑点

审计人员在审查某企业 2017 年 11 月份"管理费用——其他"明细账时,发现 11 月 22 日 65#记账凭证摘要内容含混不清,审计人员决定进一步查证。

2. 追踪查证

审计人员调阅了 2017 年 11 月 22 日的 65#记账凭证,内容如下:

借:管理费用——其他　　　　　　　　　　　　　　　　　　10 000
　　贷:银行存款　　　　　　　　　　　　　　　　　　　　　　　10 000

审计人员检查该记账凭证的原始凭证,发现一张异地运费清单,相应运费记录为 10 000 元。查阅与该运费相关的材料采购业务,发现 2017 年 11 月 6 日 38#记账凭证记录如下:

借:在途物资　　　　　　　　　　　　　　　　　　　　　　50 000
　　应交税费——应交增值税(进项税额)　　　　　　　　　　8 500
　　贷:银行存款　　　　　　　　　　　　　　　　　　　　　　　58 500

2017 年 11 月 12 日材料入库的分录为(该企业对材料采用实际成本进行计算)

借:原材料　　　　　　　　　　　　　　　　　　　　　　　50 000
　　贷:在途物资　　　　　　　　　　　　　　　　　　　　　　　50 000

3. 问题

该企业将应计入原材料的运输费用 10 000 元列入管理费用,一方面使该批材料少计成本 9 300 无(假设运费的增值税税率是 7%),进项税额少计 700 元;另一方面影响本月及以后各期经营成果的准确性。

4. 调账

如果 11 月份已查清且查证材料尚未领用,可作如下调账处理:

借:在途物资　　　　　　　　　　　　　　　　　　　　　　9 300
　　应交税费——应交增值税(进项税额)　　　　　　　　　　700
　　贷:管理费用　　　　　　　　　　　　　　　　　　　　　　　10 000
借:原材料　　　　　　　　　　　　　　　　　　　　　　　9 300
　　贷:在途物资　　　　　　　　　　　　　　　　　　　　　　　9 300

如果 11 月份当期查清且材料已被领用,应编制如下调账分录:

借:在途物资　　　　　　　　　　　　　　　　　　　　　　9 300

```
        应交税费——应交增值税（进项税额）                              700
            贷：管理费用                                          10 000
        借：原材料                                      9 300
            贷：在途物资                                          9 300
        借：生产成本                                    9 300
            贷：原材料                                            9 300
    如果问题查清时，该材料已制成产成品，尚未出售时，应编制如下调账分录：
        借：在途物资                                    9 300
            应交税费——应交增值税（进项税额）                    700
            贷：管理费用                                          10 000
        借：原材料                                      9 300
            贷：在途物资                                          9 300
        借：库存商品                                    9 300
            贷：原材料                                            9 300
```

案例二

1. 发现疑点

审计人员在审计某企业 2017 年"原材料"明细账时发现该企业 5 月份原材料成本明显偏低。调阅相关凭证，发现当月只有一笔购入原材料业务，计 70 万元，没有找到所发生的运费等项目。

2. 追踪查证

审计人员通过检查银行存款日记账，发现 5 月份发生异地运杂费 8 000 元，会计分录为

```
        借：管理费用                                    8 000
            贷：银行存款                                          8 000
```

所附原始凭证为运费单据，审计人员向有关人员查询、落实，得知该笔运费即为所购原材料发生的运费。该单位会计人员因工作疏忽，将运费计入期间费用。

3. 问题

该企业不按照会计制度要求，将应计入原材料成本的运费计入管理费用，一方面使该批材料少计成本 7 440 元，进项税额少计 560 元，另一方面影响本月生产成本及经营成果。

4. 调账

问题查实后，应作调账处理如下：

```
        借：原材料                                      7 440
            应交税费——应交增值税（进项税额）                    560
            贷：管理费用                                          8 000
```

案例三

1. 发现疑点

审计人员在审查某企业 2017 年"原材料——B 材料"明细账及调阅相关记账凭证时发现，购入 B 材料 500 吨和 20 吨，单价并没有差别，均为 2 500 元/吨。这使审计人员产生了怀疑：在现今市场环境下，采购价格一般与采购量相关并经常变化，为什么该企业无变化？购入 500 吨原材料的账务处理如下：

借：原材料　　　　　　　　　　　　　　　　　　　　　　1 250 000
　　贷：银行存款　　　　　　　　　　　　　　　　　　　　　　　1 250 000

2. 追踪查证

审计人员了解到 B 材料随采购量增加，单价相应降低，具体比例为采购 400 吨以内每吨 2 500 元，每增加 100 吨，增加部分单价降低 10%。降低额=2500×10%×100=25 000（元），而该企业对这 25 000 元未作任何反映。审计人员对该企业财会人员及负责人反复做工作，最终相关人员承认这 25 000 元为所购原材料的商业折扣，该企业将此款汇出后，又提回作为账外资金"小金库"处理，私分给领导和有关人员。

3. 问题

该企业未按照会计制度的规定进行账务处理，而是将折扣款项作为账外资金。

4. 调账

将款项收回的账务处理如下：

借：银行存款　　　　　　　　　　　　　　　　　　　　　　25 000
　　贷：原材料　　　　　　　　　　　　　　　　　　　　　　　　25 000

案例四

1. 发现疑点

沿用案例三资料，该企业购入 500 吨原材料，账务处理如下：

借：原材料　　　　　　　　　　　　　　　　　　　　　　1 250 000
　　贷：银行存款　　　　　　　　　　　　　　　　　　　　　　　1 225 000
　　　　应付账款　　　　　　　　　　　　　　　　　　　　　　　　25 000

又过了一段时间，冲平"应付账款"账户，记录为

借：应付账款　　　　　　　　　　　　　　　　　　　　　　25 000
　　贷：库存现金　　　　　　　　　　　　　　　　　　　　　　　25 000

审计人员对这两笔分录产生了怀疑：购入原材料，已付绝大部分款项，为什么对剩余部分作挂账处理呢？为什么用现金支付，而不用银行存款支付？

2. 追踪查证

经过查询，被审计企业财务人员承认这笔应付账款挂账是购买原材料的回扣款，后以单项奖金发给有关人员。

3. 问题

虽然采购折扣款在账上作了反映，但没有冲减采购成本处理，致使企业账面信息不实。

4. 调账

收回现金的账务处理如下：
借：库存现金　　　　　　　　　　　　　　　　　　　　　　25 000
　　贷：原材料　　　　　　　　　　　　　　　　　　　　　　25 000

案例五

1. 发现疑点

审计人员在审计某企业 2017 年 3 月"营业外支出——非常损失"明细账时，发现有一笔 80 000 元的短缺非常损失。因数额较大，审计人员决定进一步查证。

2. 追踪查证

审计人员调阅了该企业 2017 年 3 月 15 日 35#记账凭证，记账凭证的内容为
借：营业外支出——非常损失　　　　　　　　　　　　　　80 000
　　贷：原材料　　　　　　　　　　　　　　　　　　　　　80 000

该记账凭证所附的原始凭证是一张有领导审批意见的盘存单，并附有关人员说明。经过进一步调查、询问，确认这是由于保管人员责任感不强造成的材料被盗损失。按照企业管理制度规定，保管人员责任感不强造成的材料被盗损失由保管员赔偿一部分，同时该批材料在购进环节支付的增值税进项税额也应相应转出。

3. 问题

被审计企业没有严格执行企业管理制度，将应由个人赔偿损失的部分转嫁到企业，虚减了企业收益，少交企业所得税；同时，应转出的增值税进项税额未按规定予以转出，增加了当期抵扣税额，使企业少交增值税。

4. 调账

假如该企业规定由责任人赔偿 3 000 元，其余由企业负担。调账分录如下：
借：其他应收款　　　　　　　　　　　　　　　　　　　　　3 000
　　营业外支出——非常损失　　　　　　　　　　　　　　　10 600
　　贷：应交税费——应交增值税（进项税额转出）　　　　　13 600

案例六

1. 发现疑点

审计人员在审计某企业 2017 年银行存款日记账时发现有一笔进货退回业务,其"银行存款"账户的对应账户是"应付账款"和"原材料"账户,决定进一步查证。

2. 追踪查证

审计人员调阅了反映该项业务的会计凭证,内容如下:

借:银行存款　　　　　　　　　　　　　　　　　　　　46 800
　贷:应付账款　　　　　　　　　　　　　　　　　　　　6 800
　　　原材料　　　　　　　　　　　　　　　　　　　　40 000

该凭证所附的原始凭证是一张银行收账通知及一张红字发票。审计人员审查了"应交税费——应交增值税"明细账,没有发现减少增值税进项税额的记录,而且在当月计算交纳增值税时进行了抵扣,后经询问当事人,确定该企业把退回的增值税进项税额反映在了"应付账款"账户。

3. 问题

被审计企业为了达到多抵扣、少交增值税的目的,有意将已收回的"进项税额"反映在往来账中,没有冲销"应交税费——应交增值税(进项税额)"账户,使本期少交增值税税款 6 800 元。

4. 调账

问题查清后,被审计企业应编制调账分录如下:

借:应付账款　　　　　　　　　　　　　　　　　　　　6 800
　贷:应交税费——应交增值税(进项税额)　　　　　　　6 800

第五节　库存商品审计

一、库存商品核算的常见错弊与审计要点

1. 确定库存商品结存数量的方法不当

(1) 表现形式

对应采用永续盘存制确定结存数量的存货却采用了实地盘存制,从而将大量计量误差、自然损耗、管理不善等原因造成的存货的短少挤入正常发出数,不利于存货的管理。

(2) 审计要点

审计人员首先应调查、询问被查单位采取了哪种确定存货数量的方法,然后审阅有关存

货明细账"结存"栏的记录内容,以此为基础分析该企业存货的具体情况,确定被查单位所采用的方法是否恰当、合理,必要时向被查单位提出改进意见。

2. 库存商品账实不符

(1) 表现形式

企业采用永续盘存制确定存货结存数量时,按规定应对存货进行定期盘点,以确定账实是否相符。但是在实际工作中,有些企业由于对盘点工作不认真或不经常盘点,造成存货账实不符。

(2) 审计要点

审计人员首先应要求会计人员在所有经济业务登记入账的基础上,将存货的明细账与总账相核对;在账账相符的情况下,编制存货账存清单,将存货的账存清单和实际数进行核对,以确定账实是否相符;如果不符,即为存货的盘盈或盘亏,应根据盘盈或盘亏的具体情况填制存货溢缺报告单,将盘盈、盘亏金额反映在"待处理财产损溢"账户;通过调查、询问了解存货损溢的原因,并根据具体情况将其从"待处理财产损溢"账户转入有关账户。

3. 未按规定及时处理库存商品的盘盈或盘亏

(1) 表现形式

① 存货溢余舞弊。发现存货溢余后,未按规定转入"待处理财产损溢"账户,而是将其私分或私售后私分货款或将货款存入"小金库"。

② 管理人员责任事故、管理不善舞弊。管理人员责任事故、管理不善造成的存货丢失、毁损等,应由责任人员负责赔偿部分作为非常损失或管理费用处理。

③ 私分存货舞弊。弄虚作假、营私舞弊,将企业的存货私分或送给关系户,并将其因此减少部分在盘点时挤入盘亏中,作为企业的损失或费用处理。

④ 长期挂账舞弊。盘盈和盘亏长期挂账,造成账实不符。

(2) 审计要点

① 广泛调查。审计人员应了解被审计企业是否对存货进行定期盘点,对盘点结果是否及时处理,有无私分盘盈存货的问题等。

② 查阅相关账户。审计人员应查阅"待处理财产损溢""营业外支出""管理费用"等明细账并审查相对应的会计凭证,了解被查单位对存货盘盈盘亏的处理是否正确、及时,是否存在弄虚作假的情况。

4. 库存商品占压期长

(1) 表现形式

企业库存商品占压期长,占用资金数额较大,结构不合理。

(2) 审计要点

审计人员应审阅"存货"明细账及有关财务指标,根据存货周转率判断企业存货是否过量,同时应结合被审单位存货盘点工作,审查存货。

二、库存商品审计案例

> **案例一**

1. 发现疑点

审计人员在审计某企业 2017 年利润表时发现该企业 11 月份利润水平明显低于以前各期及上年同期。经了解，该企业产品销售情况与以前各期无明显变化。审计人员怀疑有问题存在，决定进一步查证。

2. 追踪查证

审计人员询问有关会计人员，了解到该企业采用加权平均法计算主营业务成本，但在查阅"库存商品"明细账时发现 11 月份采用的方法实际上是先进先出法，与以前各期采用的加权平均法不一致；再查阅"生产成本"明细账及"库存商品"明细账借方记录，发现库存商品单位生产成本呈上涨趋势，特别是在 11 月份生产成本明显增大，经过进一步调查、核实并询问当事人，确定该企业为了在 11 月份多转成本 800 000 元，采用了与以前各期不同的计价方法。

3. 问题

该企业违反可比性与一致性的原则，随意变更计价方法，造成虚减当年利润 800 000 元，达到偷逃税款的目的。

4. 调账

假定该企业适用的所得税税率为 25%，盈余公积提取率为 10%，应付投资者利润为净收益的 50%，应作调账分录如下：

借：库存商品　　　　　　　　　　　　　　　　　　800 000
　　贷：主营业务成本　　　　　　　　　　　　　　　　　800 000
借：所得税费用　　　　　　　　　　　　　　　　　　200 000
　　贷：应交税费——应交所得税　　　　　　　　　　　 200 000
借：主营业务成本　　　　　　　　　　　　　　　　　800 000
　　贷：所得税费用　　　　　　　　　　　　　　　　　 200 000
　　　　利润分配——未分配利润　　　　　　　　　　　 600 000
借：利润分配——未分配利润　　　　　　　　　　　　360 000
　　贷：盈余公积　　　　　　　　　　　　　　　　　　 60 000
　　　　应付股利　　　　　　　　　　　　　　　　　　300 000
借：应交税费——应交所得税　　　　　　　　　　　　200 000
　　贷：银行存款　　　　　　　　　　　　　　　　　　200 000
借：应付股利　　　　　　　　　　　　　　　　　　　300 000
　　贷：银行存款　　　　　　　　　　　　　　　　　　300 000

案例二

1. 发现疑点

   审计人员在审计某企业 2017 年 12 月份"营业外支出"明细账时发现盘亏报损某商品 52 000 元,因报损数额较大,决定进一步查证。

2. 追踪查证

   审计人员查阅了 2017 年 12 月 12 日 32# 记账凭证,凭证的内容如下:
   借:营业外支出   52 000
       贷:库存商品   52 000
   该凭证所附的原始凭证是一张经领导审批的存货盘亏报损单,但审计人员认为报损理由不充分,经过广泛调查取证,确定被审计单位 2017 年 8 月份将库存商品以展销会的方式售出,收取现金 70 200 元存入单位的"小金库",但尚未开销货发票和出库凭证,在年终盘点时将价值 62 000 元的商品挤在盘亏损失中。

3. 问题

   企业在商品展销会上将商品卖掉,未反映正常的销售收入而是账外存放,并在年终将其反映为盘亏,一方面抵减了当期利润,未纳所得税;另一方面未反映增值税销项税额,少缴纳增值税;同时,从仓库发出商品时未结转成本,而是将其作为盘亏损失处理,造成平时账实不符,虚减收益。该企业的行为严重违反了会计核算规范,也违反了现金管理制度的规定。

4. 调账

   将账外现金入账,应编制调账分录如下:
   借:银行存款   70 200
       贷:主营业务收入   60 000
           应交税费——应交增值税(销项税额)   10 200
   借:主营业务成本   52 000
       贷:营业外支出   52 000
   假设该企业适用的所得税税率为 25%:
   借:所得税费用   15 000
       贷:应交税费——应交所得税   15 000
   借:主营业务收入   60 000
       贷:所得税费用   15 000
           利润分配——未分配利润   45 000
   盈余公积提取为净收益的 10%,应付股利为净收益的 50%:
   借:利润分配——未分配利润   27 000
       贷:盈余公积   4 500

	应付股利	22 500
借：	应交税费——应交所得税	15 000
	贷：银行存款	15 000
借：	应付股利	22 500
	贷：银行存款	22 500

第六节　存货跌价准备审计

一、存货跌价准备核算的常见错弊与审计要点

（1）表现形式

随意计提存货跌价准备，如企业对不符合计提条件的存货计提存货跌价准备；多计提或少计提存货跌价准备，以达到调节企业利润的目的。

（2）审计要点

审计人员应首先了解企业的性质，认真审阅"存货跌价准备"、"资产减值损失"及各种存货的明细账，结合会计制度的有关规定复核计算，确认企业计提的存货跌价准备是否适当。

二、存货跌价准备审计案例

案例

1. 发现疑点

审计人员审计某公司账务，执行分析程序后，发现该企业2017年12月份的资产减值损失比以前各期明显偏多，怀疑企业随意计提存货跌价准备。

2. 追踪查证

审计人员检查该企业12月份的"资产减值损失"账户，发现计提存货跌价准备7 200 000元，检查其36#凭证，其内容为

借：资产减值损失　　　　　　　　　　　　　　7 200 000
　　贷：存货跌价准备　　　　　　　　　　　　　　　　7 200 000

该企业半年计提一次存货跌价准备。审计人员审查发现，该企业6月末"存货跌价准备"账户贷方余额为1 800 000元，12月末"存货"账户账面成本为70 000 000元，可变现净值为65 000 000元。审计人员经过分析得出该企业在12月末应计提的跌价准备为3 200 000元（70 000 000-65 000 000-1 800 000），不应该是7 200 000元。

3. 问题

该企业随意计提存货跌价准备,虚增费用,减少利润,偷逃所得税。

4. 调账

若该企业适用的所得税税率为25%,按净利润的10%计提盈余公积,按净利润的50%向投资者分配利润,则调账处理如下:

借:存货跌价准备	4 000 000
贷:资产减值损失	4 000 000

冲销多计提的存货跌价准备4 000 000元(7 200 000-3 200 000)。

借:所得税费用	1 000 000
贷:应交税费——应交所得税	1 000 000
借:资产减值损失	4 000 000
贷:所得税费用	1 000 000
利润分配——未分配利润	3 000 000
借:利润分配——未分配利润	1 800 000
贷:盈余公积	300 000
应付股利	1 500 000
借:应交税费——应交所得税	1 000 000
贷:银行存款	1 000 000

第七节　主营业务成本审计

一、主营业务成本核算的常见错弊与审计要点

1. 产品成本结转不正确

(1)表现形式

① 少记发出产成品数量。产品销售后,不记录"库存商品"明细账的贷方数量。这种现象常见于月终集中结转成本的情况,在下月作产成品的盘亏处理。

② 多记发出产成品数量。多记产成品明细账的出库量,在下期作产成品的盘盈处理。

(2)审计要点

① 实施分析程序。审计人员应分析比较本年度的与上年度主营业务成本总额,以及本年度各月份的主营业务成本总额,如有重大波动和异常情况,应查明原因。

② 采用核对法。审计人员应核对"主营业务成本""主营业务收入""库存商品"明细账的有关数据,并将企业的销售发票、出库凭证与上述有关明细账进行核对。若核对相符,说明主营业务成本结转正确,符合配比原则;若核对不符,说明结转有误,应进一步查明原因及责任。

2. 随意改变成本结转方法

（1）表现形式

违反成本结转一致性原则，随意改变成本结转方法，以调节当期成本。

（2）审计要点

审计人员应审阅"主营业务成本""库存商品"明细账，选择金额较大的业务，复核其结转成本的计价方法是否前后期一致。若无充分理由任意改变计价方法，对本期利润产生较大影响时，审计人员应建议企业更正。

3. 成本计算不正确

（1）表现形式

① 计算错误。用加权平均法、先进先出法、移动平均法等方法计算确定的单位成本与实际应结转的单位成本不相等。

② 成本差异分配错误。采用计划成本法时，成本差异不在已售产品与结存产品之间进行合理分配或以计划成本代替实际成本。

③ 定额成本差额分配错误。采用定额成本计算销售成本的企业，对定额成本的差额不进行合理分配，而是根据自身需要将其全部或大部分由销售产品或库存产品承担。

④ 零售价与成本价差异分配错误。采用售价金额核算的单位，故意少算或多算零售价与成本价的差异，或者故意抬高或降低差价分配率，以调节当期销售成本。

（2）审计要点

审计人员应审阅"主营业务成本"和"库存商品"明细账，按企业一贯采用的计价方法复算主营业务成本是否正确。

二、主营业务成本审计案例

案例

1. 发现疑点

审计人员审计某企业 2017 年度财务报表时，发现该企业当年的毛利率仅为 4%，而往年的毛利率在 11% 左右，利润下降幅度较大，但企业本年度的收入水平并未明显下降。

2. 追踪查证

审计人员审查该企业"库存商品"明细账，发现很多产品结转的主营业务成本既未按实际成本结转，亦未采用计划成本结转，而是故意加大销售产品的单位成本，缩小库存商品的单位成本。

3. 问题

该企业采用了乱挤成本的手段，结转出的主营业务成本为 5 667 432 元，复核后发现实际主营业务成本为 2 361 587 元，虚增成本 3 305 845 元。

4. 调账

假设该企业适用的所得税税率为25%,以净利润的10%提取盈余公积,以净利润的50%向投资者分配利润,需要作如下分录:

借:	库存商品	3 305 845
	贷: 主营业务成本	3 305 845
	冲销虚增成本	
借:	所得税费用	826 461.25
	贷: 应交税费——应交所得税	826 461.25
借:	主营业务成本	3 305 845
	贷: 所得税费用	826 461.25
	利润分配——未分配利润	2 479 383.75
借:	利润分配——未分配利润	1 487 630.26
	贷: 盈余公积	247 938.38
	应付股利	1 239 691.88
借:	应交税费——应交所得税	826 461.25
	贷: 银行存款	826 461.25

第八节 管理费用审计

一、管理费用核算的常见错弊与审计要点

1. 购进业务核算不严密,形成账外资产

(1) 表现形式

有些企业为了简化核算工作,购进低值易耗品、包装物时只以"管理费用"列支,形成大量的账外资产,造成企业资产流失和浪费。

(2) 审计要点

审阅"管理费用"明细账及银行存款日记账"摘要"栏,再进一步查阅有关的会计凭证。如果存在这类问题,往往会出现账证、证证不符现象。

2. 存货领用时采用不当的摊销方法

(1) 表现形式

一次领用数量较多、价值较大的低值易耗品、包装物时,采用一次摊销法将其价值全部摊入成本或费用中,影响了会计信息的准确性和前后各期的可比性。

(2) 审计要点

审阅"低值易耗品""包装物"明细账的贷方记录及"管理费用""制造费用""销售费用"等明细账,确定企业是否存在上述问题。

二、管理费用审计案例

> **案例**

1. 发现疑点

审计人员在审计某企业 2017 年 11 月份"管理费用——低值易耗品摊销"明细账时,发现"摘要"栏注明"领用办公桌、沙发",金额为 7 800 元。因摊销额较大,审计人员决定进一步调查。

2. 追踪查证

审计人员查阅了该企业 2016 年 11 月 2 日 3#记账凭证,内容如下:
借: 管理费用——低值易耗品摊销　　　　　　　　　　　7 800
　　贷: 低值易耗品——办公桌　　　　　　　　　　　　　　3 000
　　　　　　　　——沙发　　　　　　　　　　　　　　　　4 800

该记账凭证所附的原始凭证是一张低值易耗品领用报销单,注明领用办公桌 15 张、沙发 5 套。审计人员查阅了"低值易耗品"明细账,发现办公桌单价为 200 元,沙发单价为 960 元,该企业采用的是一次摊销法。审计人员分析,对于价值较小、易破、易碎低值易耗品可采用一次摊销法;对于价值较大、使用期较长的,应采用分期摊销法和五五摊销法。而该企业的办公桌和沙发都属于价值较大的,所以不适合使用一次摊销法。

3. 问题

该企业没有根据低值易耗品的领用情况选用合理的摊销方法,造成当期费用水平提高。

4. 调账

假如该企业采用五五摊销法,应编制如下调账分录:
借: 低值易耗品——办公桌　　　　　　　　　　　　　　1 500
　　　　　　　　——沙发　　　　　　　　　　　　　　　2 400
　　贷: 管理费用　　　　　　　　　　　　　　　　　　　3 900

第五章

筹资与投资循环审计

第一节 短期借款审计

一、短期借款核算的常见错弊及审计要点

1. 短期借款利息处理不合理

（1）表现形式

① 虚计银行存款利息。企业人为地调节当期损益，虚计银行存款利息，通过企业的"期间费用"账户转入当期损益。

② 不提借款利息或少提借款利息。企业为了虚增当期利润，减少期间费用，采用本期不提借款利息或少提借款利息的做法，从而将短期借款利息转嫁到下期或延长摊销，虚增当期账面利润。

（2）审计要点

① 审阅会计资料。审阅短期借款明细账记录，审阅相关的记账凭证，查看短期借款期限及支付利息金额、付息时间。

② 审查利息的核算。在此基础上进一步审查企业对利息的核算，看其是否按月预提利息，各月预提利息的计算是否准确，预提利息计入对方什么账户，有无将预提利息集中在某一较长计算期或者不按规定计入当期损益的现象。

③ 审阅"账务费用"账户的明细记录或者记账凭证。如果还不能准确判断，则应更进一步审阅"账务费用"账户的明细记录或者记账凭证，从而确认企业按月预提了短期借款利息，并按月计入了"账务费用"账户。

2. 短期借款业务程序和手续不完备、不合规

（1）表现形式

企业发生的短期借款业务未经有关机构批准，或者所签订的借款合同条款不完备等。

（2）审计要点

审计人员应审计企业的短期借款计划，检查企业是否编制了短期借款计划，计划项目内容是否全面，有关数字计算是否准确，编制计划的依据是否科学、合理等。同时将计划的有

关内容与企业现金流量表或筹资计划书进行核对。

3. 短期借款未按规定用途使用

（1）表现形式

企业未按合同约定的范围使用短期借款。

（2）审计要点

审计人员应根据"短期借款"明细账确定借款的具体种类及金额，追踪检查相应时期的会计资料，查证企业对短期借款是否按规定的用途使用。

4. 取得短期借款时物资保证不足

（1）表现形式

取得短期借款缺乏物资保证，难以按期归还。

（2）审计要点

审计人员应根据企业有关财产物资账户及会计资料，检查取得该项借款时有无物资保证，并分析、鉴定作为保证的物资是否是适销、适用的产品、商品及材料，同时查明借款保证物资的价格、金额计算是否正确，有无多计现象。

二、短期借款审计案例

案例一

1. 发现疑点

审计人员于 2017 年初对某上市公司 1 月份的短期借款项目进行审查时，发现有一张预提借款利息的记账凭证可疑。该记账凭证反映的业务内容为预提某农行借款利息，共计 50 000 元，会计分录为

借：账务费用　　　　　　　　　　　　　　　　　　　　　　50 000
　　贷：预提费用　　　　　　　　　　　　　　　　　　　　　　50 000

2. 追踪查证

审计人员审查该企业"短期借款"明细账，发现该企业 2017 年 1 月末的全部短期借款总额为 1 500 000 元，其中从中国农业银行取得的短期借款为 1 000 000 元，2017 年 1 月份利息为 25 000 元。审计人员经过测算，发现企业负担的中国农业银行短期借款利率为 30%[（25 000÷1 000 000）×12×100%]，这显然和银行利率很不相符。由此判断，该项账务处理是不正确的。

审计人员经过查阅有关借款协议、账簿记录，查明该公司在 2016 年 12 月向中国农业银行某支行借入短期借款 100 000 元，年利率为 6%，借款期限为半年，到期一次还本付息，因此公司应每月预提利息费用 5 000 元。

3. 问题

① 该公司的会计处理使得企业 2017 年 1 月多提利息 20 000 元，即将 2017 年 5 个月的利息费用一次性计入 2017 年 1 月。

② 《企业会计准则》规定，企业预提借款利息不通过"预提费用"账户，而是通过"应付利息"账户核算。该企业没有按照《企业会计准则》进行账务处理。

4. 调账（针对 2017 年 1 月）

借：预提费用　　　　　　　　　　　　　　　　　　　　25 000
　　贷：账务费用　　　　　　　　　　　　　　　　　　　　20 000
　　　　应付利息　　　　　　　　　　　　　　　　　　　　 5 000

案例二

1. 发现疑点

审计人员在审查某公司"短期借款——生产借款"账户情况时，注意到其他应收款为 480 000 元。审计人员分析，该公司其他应收款占用比例过大，可能有非法使用或占用短期借款的行为。

2. 追踪凭证

审计人员首先调阅 4 月 1 日借入短期借款的 15#凭证，其会计分录为

借：银行存款　　　　　　　　　　　　　　　　　　　　200 000
　　贷：短期借款——生产借款　　　　　　　　　　　　　200 000

该凭证附入账通知和借款契约两张凭证，借款期限为 5 个月。审计人员追踪调查存款的去向，审阅银行存款日记账时，发现 4 月 24 日 125#凭证记录减少银行存款 90 000 元。调阅该凭证时，其记账凭证分录为

借：其他应收款——王某　　　　　　　　　　　　　　　 90 000
　　贷：银行存款　　　　　　　　　　　　　　　　　　　 90 000

其摘要为"汇给甲公司货款"。经核实，以上凭证所汇出款项是该公司为职工垫付的购买电脑和电视的款项。王某是负责向职工回收垫付款的负责人，该代垫全部款项在本年 5—10 月陆续全部收回。

3. 问题

该企业为职工垫付的电脑和电视款实际上是占用短期借款，不按借款用途使用借款，同时增加了企业的财务费用。

4. 调账

公司收回的垫付款应归还借款，按借款占用时间计算，职工应负担占用 90 000 元短期

借款的利息 4 000 元。应作调整分录如下:
  借: 其他应收款   4 000
    贷: 账务费用   4 000
归还被挪用的借款时,会计分录如下:
  借: 短期借款——生产性借款   90 000
    账务费用   4 000
    贷: 银行存款   94 000

第二节 长期借款审计

一、长期借款核算的常见错弊及审计要点

1. 长期借款无计划或计划编制不合理

(1) 表现形式

企业无借款计划,随意举借信贷资金,或者借款计划编制依据不科学,内容不完整,计划不合理。

(2) 审计要点

检查借款合同和授权批准,了解借款数额、借款条件、借款日期、还款期限、借款利率,并与相关会计记录相核对。

2. 长期借款的使用不合规

(1) 表现形式

审计人员应企业故意违反合同规定,改变借款用途,如将借款转贷以获取利息收入、将借款用于股票投资以获取收益等。

(2) 审计要点

审计人员应核对将工程项目价值的增加额与长期借款增加额,并核对近期的重大支出项目,发现挪用借款现象。

3. 长期借款利息的计提不正确

(1) 表现形式

企业未按会计期间计提借款利息,或者虽然每期计提了长期借款利息但利息计算不准确,或者将计提的利息列入预提费用。

(2) 审计要点

审计人员应计算长期借款在各月份的平均余额,结合利率计算利息支出,并把"账务费用""在建工程"账户的相关记录进行核对,判断企业是否高估或低估利息支出。

4. 长期借款的归还不及时

（1）表现形式

企业为了占用贷款人的资金，故意拖欠长期借款，不按时归还长期借款。

（2）审计要点

检查年末有无到期未偿还的借款，逾期借款是否办理了延期手续，分析计算逾期借款的金额、比例和期限，判断企业的资信状况和偿债能力。

二、长期借款审计案例

案例一

1. 发现疑点

审计人员在审查某企业"长期借款"明细账时，发现该企业2017年8月20日从银行借入购买设备款项1 000 000元（利率为6%），但"在建工程"账户中却没有增加的记录。该企业2017年第三季度的资产负债表上反映的该款项的用途是股票或债券投资。

2. 追踪查证

审计人员进一步查阅了"交易性金融资产"账户及其记账凭证，并询问有关经办人员，证实该企业10月12日利用这笔资金购买了价值1 000 000元的股票。

3. 问题

该企业虚设贷款项目，从银行套取资金用于股票投资，违反了借款合同的规定及银行信贷纪律。

4. 调账

审计人员提请该企业立即出售股票，归还借款并支付罚息，还款时应支付利息20 000元、罚息5 000元。12月20日，该企业出售股票并取得价款1 100 000元。相关调账分录如下：

出售股票（不考虑有关税金）：

借：银行存款　　　　　　　　　　　　　　　　　　　　1 100 000
　　贷：交易性金融资金　　　　　　　　　　　　　　　　　1 000 000
　　　　投资收益　　　　　　　　　　　　　　　　　　　　　100 000

偿还借款、支付利息及罚息：

借：长期借款　　　　　　　　　　　　　　　　　　　　1 000 000
　　账务费用　　　　　　　　　　　　　　　　　　　　　　20 000
　　营业外支出——罚息　　　　　　　　　　　　　　　　　5 000
　　贷：银行存款　　　　　　　　　　　　　　　　　　　1 025 000

案例二

1. 发现疑点

审计人员接受委托审查某企业 2017 年的账务报告。在审查该企业"长期借款"明细账和贷款合计时,发现该企业 2017 年 10 月 1 日因购买设备向银行借入资金 2 000 000 元,借款期限为 5 年,年利率为 6%,到期一次性还本付息,但在审查"固定资产""在建工程"明细账时,未见计提利息费用的记录。审计人员怀疑借款利息的计提有问题,决定进一步追查。

2. 追踪查证

审计人员随即查阅了该企业 10 月份以后的"固定资产"明细账,发现该企业 11 月 1 日用银行借款和自筹资金一次性向供货单位支付 300 000 元设备价款、运输费、安装费等,该设备 12 月 31 日达到预定可使用状态。审计人员审查该笔借款 2017 年应计利息费用的记账凭证,发现其会计分录为

借:财务费用　　　　　　　　　　　　　　　　　　30 000
　　贷:应付利息　　　　　　　　　　　　　　　　　　30 000

3. 问题

根据企业会计制度的规定,该笔贷款是购建固定资产而专门借入的款项,其 11 月和 12 月的利息费用符合资本化条件,应予资本化,计入固定资产成本。而该企业将该笔借款 10—12 月的利息费用全部计入账务费用核算,虚减了资产,增加了费用,虚减了当期利润,属于偷漏企业所得税的行为。

4. 调账

① 冲减多计的账务费用和补计固定资产:
借:固定资产　　　　　　　　　　　　　　　　　　20 000
　　贷:财务费用　　　　　　　　　　　　　　　　　　20 000
② 补提所得税(假设该企业适用的企业所得税税率为 25%):
借:所得税费用　　　　　　　　　　　　　　　　　　5 000
　　贷:应交税费——应交所得税　　　　　　　　　　　5 000
③ 结转损益账户到"利润分配——未分配利润"账户:
借:财务费用　　　　　　　　　　　　　　　　　　20 000
　　贷:所得税费用　　　　　　　　　　　　　　　　　5 000
　　　　利润分配——未分配利润　　　　　　　　　　15 000
④ 补提盈余公积(按税后利润的 10%提取法定盈余公积,按税后利润的 5%提取法定公益金):
借:利润分配——未分配利润　　　　　　　　　　　　2 250
　　贷:盈余公积——法定盈余公积　　　　　　　　　　1 500
　　　　　　　　——法定公益金　　　　　　　　　　　750

案例三

1. 发现疑点

审计人员在审查某工程公司 2017 年财务报表时发现该公司 1 月向银行借款 500 000 元,期限为 3 年,年利率为 6%,用作生产经营周转资金。该笔长期借款采取每年支付利息到期还本的偿付方式。审计人员随即审查了该企业"财务费用"明细账,检查利息费用的计提情况,发现该企业只在 1—3 月计提了利息,其会计分录(3 个月合并分录)为

借:财务费用　　　　　　　　　　　　　　　　　　7 500
　　贷:应付利息　　　　　　　　　　　　　　　　　　　　　7 500

但在以后月份的账务中审计人员没有找到与该笔借款相关的利息费用的记录。审计人员怀疑该企业对利息费用的计提存在问题,决定进一步追查。

2. 追踪查证

审计人员首先查阅了"固定资产"和"在建工程"明细账,没有发现对该笔借款计提利息的记录,于是又审查了年底的银行存款日记账,发现有一笔支出的金额正好是该笔借款 9 个月的利息,其会计分录为

借:待摊费用　　　　　　　　　　　　　　　　　　22 500
　　贷:银行存款　　　　　　　　　　　　　　　　　　　　22 500

经询问相关人员,该单位承认后 9 个月的利息挂在待摊费用,没有按月计提。

3. 问题

该企业未按照企业会计制度的规定按月计提借款利息,而是在年末计入待摊费用,造成了公司多计利润。

4. 调账

借:账务费用　　　　　　　　　　　　　　　　　　22 500
　　贷:待摊费用　　　　　　　　　　　　　　　　　　　　22 500
借:应交税费——应交所得税　　　　　　　　　　　　5 625
　　贷:所得税费用　　　　　　　　　　　　　　　　　　　5 625
借:所得税费用　　　　　　　　　　　　　　　　　　5 625
　　利润分配——未分配利润　　　　　　　　　　　　16 875
　　贷:财务费用——利息　　　　　　　　　　　　　　　22 500

第三节　应付债券审计

一、应付债券核算的常见错弊及审计要点

1. 债券利息计算有误

(1)表现形式

计提应付债券利息,提而不用,即企业定期提取利息,但长期挂账并不支付,到了还本

付息日又将支付的利息列为当期损益，这就形成了重计利息的现象，导致挤占或调剂企业利润，同时又可能导致虚提利息，成为企业账外资金（"小金库"）的舞弊现象。

（2）审计要点

审计人员应检查发行债券的各项原始凭证，确定债券面值、实收金额、折价、溢价、利率等，复核计算债券的每期利息并与"应付债券"账户的记录进行核对。

2. 溢价发行长期债券只记债券面值

（1）表现形式

企业在溢价发行长期债券时只记债券面值，而将溢价收入计入"其他应付款"账户或转移到"其他收入"账户，从而造成企业账外资产和收益流失。

（2）审计要点

在审查过程中，重点检查审阅"应付债券"明细分类账，并和相关的会计凭证进行核对，查看企业所发行的长期债券的入账价格是否正确，账务处理是否符合现行会计制度的规定，是否存在溢价发行或折价发行的现象。如果在上述检查中发现疑点，则应仔细审阅发行债券期间的"银行存款"账户，同时与相关的会计凭证进行认真的逐笔核对，确定收到的银行存款与发行企业长期债券的面值是否相符。若不相符，则应进一步查找、计算不相符金额是属于溢价还是折价，再审阅相关"利息调整"账户或"应计利息"账户的明细记录，从而可以确认企业的违纪行为。

3. 利息调整的核算不正确

（1）表现形式

企业为了调节利润，不正确地计算各年年末的摊余成本、实际利率等，达到调增或调减当年企业利润的目的。

（2）审计要点

复核债券每期的利息、摊余成本，检查"债券利息""利息调整"等账户记录并与会计凭证进行核对。

4. 不按规定使用发行债券筹集的资金

（1）表现形式

企业发行的债券都具有明确的目的和用途，但有的企业在使用发行债券筹集的资金时任意违反规定，超出规定范围使用资金。企业不按规定使用资金，常常会造成资金呆滞，到期无法还本付息，给债权人造成损失。

（2）审计要点

审计人员应将工程项目价值的增加与应付债券的增加进行核对，并审查企业近期的重大支出项目，通过比较分析，查明有无挪用债券募集的资金或长期占用债券募集资金的现象。

5. 长期债券的会计处理错误

（1）表现形式

① 计算错误。应计利息和利息调整计算错误。

② 使用的科目不当。应计利息和利息调整的会计处理分录中所使用的科目不当，借方或贷方科目与实际业务或会计制度的规定不符。

③ 借款费用的处理不当。多计固定资产成本而少计当期财务费用，或者少计固定资产成本而多计当期财务费用，以调整当期损益。

④ 分类错误。1年内到期的应付债券在资产负债表中未将其从"应付债券"项目中扣除，未列入流动负债。

（2）审计要点

审计人员应核对"应付债券""财务费用"等有关账户的明细账和总账，检查债券交易的各项原始凭证及记账凭证，并与"应付债券""财务费用"账户的记录核对。

二、应付债券审计案例

案例一

1. 发现疑点

审计人员在审计某公司 2017 年度的财务报表时发现该企业 2017 年 1 月 4 日按面值的 105%溢价发行 3 年期长期债券，面值为 100 000 元，溢价为 50 000 元。在忽略发行费用的前提下，公司作了如下会计分录：

借：银行存款　　　　　　　　　　　　　　　　　1 050 000
　　贷：应付债券——面值　　　　　　　　　　　　　1 000 000
　　　　其他应付款　　　　　　　　　　　　　　　　　50 000

审计人员发现此会计分录的对应关系有误，决定进一步追查。

2. 追踪查证

审计人员审查了此记账凭证后附的原始凭证，发现记在"其他应付款"中的 50 000 元是发行公司债券的溢价，企业这样做是为日后转移资金做准备。

3. 问题

该企业溢价发行债券时会计处理错误，未正确记录债券溢价。

4. 尚未摊销利息调整的调账

借：其他应付款　　　　　　　　　　　　　　　　　　50 000
　　贷：应付债券——利息调整　　　　　　　　　　　　50 000

案例二

1. 发现疑点

2018 年 3 月，审计人员在审查某公司的应付账款业务时，了解到该公司于 2016 年 1

月以 1 220 000 元的价格发行了面值为 1 000 000 元的 2 年期债券,票面利率为 12%,发行费用为 20 000 元,该企业应付债券的账面余额为 1 220 000 元。审计人员怀疑其账务处理有误。

2. 追踪查证

审计人员审阅该企业有关会计凭证和账簿,发现该公司发行债券时所作会计分录如下:

借:财务费用　　　　　　　　　　　　　　　　　　　　　　20 000
　　银行存款　　　　　　　　　　　　　　　　　　　　　 1 180 000
　　贷:应付债券——面值　　　　　　　　　　　　　　　 1 000 000
　　　　应付债券——利息调整　　　　　　　　　　　　　　200 000

3. 问题

根据《企业会计准则》的规定,发行费用是对利息的调整,而不计入财务费用。企业将发行费用一次性计入财务费用,加大了费用,减少了利润,少缴了企业所得税。

4. 尚未摊销利息调整的调账

借:应付债券——利息调整　　　　　　　　　　　　　　　 20 000
　　贷:财务费用　　　　　　　　　　　　　　　　　　　　 20 000

第四节　实收资本审计

一、实收资本核算的常见错弊及审计要点

1. 投资交纳时间、数额、比例不符合规定

(1) 表现形式

按规定,资本金可以一次或分期筹集;分次筹集的,投资者最后一次投入企业的资本必须在营业执照签发之日起 6 个月内缴足。在现实生活中,经常出现出资方逾期未缴或缴纳数额低于规定比例,致使企业生产经营无法进行或损害有关方面的利益的现象。

(2) 审计要点

审计人员首先应审阅"实收资本"明细账,如出资人、出资时间、数额等记录,再与营业执照、相关法规对比。

2. 无形资产的比例过高

(1) 表现形式

按规定,企业在资本金筹集中无形资产的比例不能过高,不能超过其注册资本总额的 20%。特殊情况下,应经有关部门的批准,但最高不得超过注册资本的 30%。而有些企业的实收资本中,无形资产大大超过上述比例,违反了相关法规的规定。

（2）审计要点

审计人员应审核"实收资本"明细账及相关的"无形资产""固定资产"账户的摘要，以发现疑点或线索；如果发现比例超过规定，应查看有关部门评估的凭证，审查是否有无形资产估价过高的现象。

3. 投入资本的入账依据和入账价值不正确

（1）表现形式

① 虚假投资。投资者以借入款投资或出具假证明作为投资凭证。

② 汇率错误。以外币投入资本时汇率选定不正确。

（2）审计要点

审计人员应将企业银行存款日记账与银行记录进行核对，必要时请银行协助核实。实物资产和无形资产计价不准确时，审查是否经有关专家鉴定，并审阅有关凭证，如果发现问题，需要调整有关资产账户及"实收资本"账户，防止高估或低估资产价值。

4. 资本增加不符合规定

（1）表现形式

① 将接受捐赠非现金资产准备直接转增资本金。

② 将盈余公积转增资本时没有经过股东大会批准，没有办理相应的增资手续。

③ 将法定盈余公积转增资本后留存的法定盈余公积少于注册资本的25%。

④ 股份有限公司增加股本不符合条件。

（2）审计要点

审计人员应查阅"实收资本"明细账及有关对应账户，了解其具体内容，确定其是否合法合规。

5. 随意减少资本金，违反了资本保全原则

（1）表现形式

所谓的资本保全原则是指企业筹集资本金后，在生产经营期间除投资者依法转让，一般不得抽回资本金。企业实收资本减少的原因有两种：一是资本过剩，二是企业发生重大亏损需要减少实收资本。上述情况以外的减资行为都违反资本保全原则。

（2）审计要点

审计人员应根据"实收资本"账户的借方发生额查阅明细账，看其内容是否符合规定，是否符合会计制度，是否向登记机关办理了登记手续。

股份有限公司采用收购本公司股票方式减资的，按股票面值和注销股数计算的股票面值总额，借记"股本"账户；按所注销库存股的账面余额，贷记"库存股"账户；按其差额，借记"资本公积——股本溢价"账户；股本溢价不足冲减的，应借记"盈余公积""利润分配——未分配利润"账户。购回股票支付的价款低于面值总额的，应按股票面值总额，借记"股本"账户；按所注销库存股的账面余额，贷记"库存股"账户；按其差额，贷记"资本公积——股本溢价"账户。

二、实收资本审计案例

> **案例一**
>
> 1. 发现疑点
>
> 审计人员在对甲公司的所有者权益进行检查时发现下列情况:甲公司 2016 年 12 月 31 日"实收资本"账户为 2 000 000 元,资本公积、盈余公积和未分配利润 3 项之和为 1 000 000 元。根据生产发展需要,经董事会决定并报原审计机关批准,2017 年甲公司吸收 A 公司投资,享受 20%的股权,注册资本已办理变更登记,调整为 2 400 000 元。2017 年 3 月 1 日(2016 年 12 月 31 日—2017 年 3 月 1 日的所有者权益无变动),A 公司以一生产线投入甲公司,经评估确认其价值为 500 000 元。
>
> 甲公司对该精密机床的账务处理为
>
> 借:固定资产　　　　　　　　　　　　　　　　　　　　　　500 000
> 　　贷:实收资本　　　　　　　　　　　　　　　　　　　　　　500 000
>
> 审计人员认为此账务处理有问题。
>
> 2. 追踪查证
>
> 审计人员分析认为甲公司 2017 年根据生产发展需要,经董事会决定并报原审计机关批准,吸收 A 公司投资,且注册资本已办理变更登记,在手续上是完备的、合规的。审计人员又审查了甲公司的"资本公积""盈余公积""未分配利润"明细账户,确认 2016 年 12 月"实收资本"账户记录为 2 000 000 元,资本公积、盈余公积和未分配利润 3 项之和为 1 000 000 元。审计人员运用复算法,计算出 A 公司要享受 20%的股权,必须至少投资 750 000 元[(2 000 000+1 000 000)÷80%×20%]。而 A 公司实际只投入 500 000 元的资产,因此 A 公司至少要再补投资 250 000 元,这样才不会损害原所有者的权益。如果 A 公司投入 750 000 元的资产,应将其中的 500 000 元[(2 000 000÷80%)×20%]作为实收资本,而将其中的 250 000 元作为资本公积来处理。
>
> 3. 问题
>
> A 公司实际投入的资本与其所占的投资份额不符,损害了其他投资者的权益。
>
> 4. 调账
>
> 根据上述资料,A 公司要想享受 20%的股权,应该再补交投资款 250 000 元,假设用货币资金进行补交,则调整分录为
>
> 借:银行存款　　　　　　　　　　　　　　　　　　　　　　250 000
> 　　贷:资本公积——股本溢价　　　　　　　　　　　　　　　　250 000
>
> 补充的 250 000 元投资作为资本公积。

案例二

1. 发现疑点

审计人员在审阅某公司"实收资本"总分类账户时,发现其明细账户"实收资本——乙公司"的摘要内容为"无形资产作价"。该企业的注册资本为10 000 000元,3位投资者已全部投入资本,但乙公司以专有技术投入的无形资产作价5 000 000元。根据以上情况,审计人员怀疑其无形资产超过国家规定的比例。

2. 追踪查证

审计人员查阅了对应账户"无形资产——专有技术"的记录,发现金额确为5 000 000元,摘要内容为"乙公司以专有技术为投入资本"。审计人员调阅其原始凭证,原始凭证为三方协议,内容为"同意乙公司专有技术作价为5 000 000元",无评估机构对其专有技术的评估证明。经有关专家及审计人员评估,该专有技术至多值3 200 000元。后经了解,因其他两位投资者迫切希望乙公司提供技术,乙公司趁此提高估价,使其在投资份额中占较大比例。

3. 问题

根据企业会计制度的有关规定,投资者在投入的资产中,无形资产的比例不能过高,即一般不能超过注册资本的20%,在特殊情况下,经过批准不能超过30%。但乙公司所投入的无形资产已达到注册资本的50%(500÷1 000),很显然是不符合规定的。而且,乙公司的专有技术并未通过有关部门的评估,也是不符合规定的。该企业存在的主要问题是:公司的投资者为了能够得到乙公司的专有技术,违反了国家的有关制度规定,随意高估无形资产的价值。

4. 调账

如果乙公司愿意补交1 800 000元银行存款以维持原比例,可作如下分录:
借:银行存款　　　　　　　　　　　　　　　　　　　　1 800 000
　　贷:无形资产　　　　　　　　　　　　　　　　　　　　1 800 000
调减无形资产1 800 000元,收到乙公司补交投资款1 800 000元。

案例三

1. 发现疑点

审计人员在审阅某企业"实收资本"总账时,发现借方发生额为100 000元,时间为企业设立后8个月。审计人员怀疑投资者随意抽回投资,使企业经营、债权人利益受到影响。

2. 追踪查证

审计人员查阅"实收资本"明细账,发现"实收资本——丙公司"明细账出现借方发生额 100 000 元，对应科目为"银行存款"，摘要内容为"丙公司抽回部分投资"。该企业共有 4 位投资者，注册资本为 2 000 000 元，其中丙公司投入 300 000 元。审计人员向该企业会计人员及其他 3 位投资者了解，发现该企业撤回投资行为并未经其他投资者同意，原因是丙公司现金周转困难，一时无法贷到款，便从该企业抽回 100 000 元。

3. 问题

企业抽回投资不符合资本完整原则。审计人员将这一情况告知其他 3 位投资者，经协商，该企业 4 位投资者决定为支援丙公司，将 100 000 元作为其他应收款暂借给丙公司，但丙公司的投入资本仍不变，为 300 000 元。

4. 调账

经过多方协商，及与会计主管部门联系，确认无违规问题，作如下账务调整：
借：其他应收款——丙公司　　　　　　　　　　　　　　　　100 000
　　贷：实收资本——丙公司　　　　　　　　　　　　　　　　　100 000
恢复"实收资本——丙公司"账户 100 000 元，记录对丙公司的暂借款 100 000 元。

案例四

1. 发现疑点

审计人员在审计某企业 2017 年度财务报表时，查阅"实收资本"总账，发现有 585 000 元贷方发生额，但"摘要"栏没有注明谁是投资者，对应科目"银行存款"的记录时间为 9 月 10 日，审计时间为 9 月 20 日。审计人员对没有注明投资者感到疑惑，怀疑有转移收入的可能。

2. 追踪查证

审计人员调阅了该企业 9 月 10 日借记"银行存款"账户的会计凭证，得知付款单位为某建筑公司，被审计企业恰好生产建筑材料。经与付款单位联系，得知其购买该企业产品，价值 585 000 元，于 9 月 9 日汇出。审计人员返回查阅该企业销货合同，证实 585 000 元实为销售款。

3. 问题

审计人员向会计人员摊牌，并出示有关证据，会计人员承认想隐瞒该笔收入，少交利税，并想使自有资金增多，故而将应作销售收入的 585 000 元充作了资本金。

4. 调账

由于在 9 月底前查出问题，并未影响到企业所得税，只需调回销售收入，减少资本金即可，因此可作如下调账：
借：实收资本　　　　　　　　　　　　　　　　　　　　　　585 000
　　贷：主营业务收入　　　　　　　　　　　　　　　　　　　　500 000
　　　　应交税费——应交增值税（销项税额）　　　　　　　　　85 000

案例五

1. 发现疑点

审计人员 2018 年 1 月在审阅某工业企业 2017 年度财务报表时，发现固定资产盘亏 20 000 元。审计人员同时发现"实收资本"账户借方发生额 20 000 元，怀疑该企业有随意冲减资本金的问题。

2. 追踪查证

审计人员查阅该企业"实收资本"总账，发现其"摘要"栏中注明 20 000 元发生额的原因是固定资产盘亏，对应科目是"待处理财产损溢"。接着，审计人员调阅了对应的记账凭证，发现其会计分录是

　　借：实收资本　　　　　　　　　　　　　　　　　　　20 000
　　　　贷：待处理财产损溢　　　　　　　　　　　　　　　　　　20 000

审计人员又调阅了"待处理财产损溢"账户借方发生额的记账凭证，发现其分录为

　　借：累计折旧　　　　　　　　　　　　　　　　　　　30 000
　　　　待处理财产损溢——待处理固定资产损溢　　　　　20 000
　　　　贷：固定资产——模具　　　　　　　　　　　　　　　　　50 000

据此，审计人员认为该企业用固定资产盘亏冲减了资本金，不符合资本保全原则。

3. 问题

该企业会计人员因不熟悉业务导致了错误。

4. 调账

　　借：营业外支出　　　　　　　　　　　　　　　　　　20 000
　　　　贷：实收资本　　　　　　　　　　　　　　　　　　　　20 000

假设该企业适用的所得税税率为 25%，则：

　　借：应交税费——应交所得税　　　　　　　　　　　　5 000
　　　　贷：所得税费用　　　　　　　　　　　　　　　　　　　5 000
　　借：所得税费用　　　　　　　　　　　　　　　　　　5 000
　　　　利润分配——未分配利润　　　　　　　　　　　　15 000
　　　　贷：营业外支出　　　　　　　　　　　　　　　　　　　20 000

案例六

1. 发现疑点

审计人员审计某公司 2018 年度财务报表，在查阅"实收资本"账户时，发现有如下一笔账务处理如下：

借：固定资产　　　　　　　　　　　　　　　　　　　　900 000
　　贷：实收资本　　　　　　　　　　　　　　　　　　　　　900 000

所附原始凭证为甲公司投入的一条生产线设备，评估报告确认价值为900 000元；甲公司转移资产的有关文件、发票、公司董事会增资决议、注册资本变更登记批准书等。但是企业在增资时，往往不会把投入的实物资产或现金资产全部作为实收资本增资。审计人员怀疑其投资数额计算不正确。

2. 追踪查账

审计人员在调查后，了解到如下情况：该公司2017年12月31日"实收资本"账户贷方余额为3 000 000元，资本公积、盈余公积和未分配利润三项合计1 500 000元。2017年年末，经董事会决定，报主管机关批准，该公司吸纳甲公司作为股东之一，甲公司投资900 000元，享有20%的股份，并于2018年报工商部门变更登记。2018年4月，收到甲公司的上述生产线设备投资。

3. 问题

虽然该公司的注册资本变更履行相关法定手续，但是其合同章程有明显不公平的地方。甲公司要享有20%的股权，应该投入资本1 125 000元{[（3 000 000+1 500 000）÷80%]×20%}，而不是900 000元。甲公司还应投入225 000元才能够享受20%的股权，否则会损害原股东的权益。

4. 调账

甲公司投资1 125 000元中应计入实收资本的数额为750 000元[（3 000 000÷80%）×20%)]。

① 甲公司投入的900 000元原资产，不应全部计入实收资本，应按合同中规定的比例计入"实收资本"和"资本公积"账户。应计入"实收资本"账户的数额为600 000元[（750 000÷1 125 000）×900 000]，企业多计了300 000元，调整分录为

借：实收资本　　　　　　　　　　　　　　　　　　　　300 000
　　贷：资本公积　　　　　　　　　　　　　　　　　　　　　300 000

② 待收到甲公司应补足的225 000元投资时，应计入实收资本的数额为150 000元（750 000-600 000），作如下分录：

借：银行存款　　　　　　　　　　　　　　　　　　　　225 000
　　贷：实收资本　　　　　　　　　　　　　　　　　　　　　150 000
　　　　资本公积　　　　　　　　　　　　　　　　　　　　　 75 000

案例七

1. 发现疑点

审计人员在审计某公司当年的"实收资本"账户时，发现如下一笔账务处理：

借：银行存款 800 000
　　贷：实收资本 800 000

该公司是当年成立的新公司，该 800 000 元是投资者第二次投入的资本，时间符合要求。但审计人员追查该分录的原始凭证时，却没有找到当时的银行入账单。

2. 追踪查证

审计人员进一步查对该公司近期的银行对账单，也没有发现该笔入账，通过函证也证实该笔投资从未入账。但审计人员在检查银行存款日记账时，发现有一笔同样数目的贷方发生额，对应科目是"其他应收款"，追查到记账凭证为

借：其他应收款——甲股东 800 000
　　贷：银行存款 800 000

同样这笔分录也没有相应的银行支票存根凭证。

3. 问题

这显然是一起虚假投资并抽出资本的行为。即使甲股东真正投入过 800 000 元，但其借出的行为也是令人怀疑的。通过取证，可以确信，甲股东从未投入该笔资本。

4. 调账

借：实收资本 800 000
　　贷：其他应收款——甲股东 800 000

第五节　资本公积审计

一、资本公积核算的常见错弊及审计要点

1. 转增资本公积的违规行为

（1）表现形式

将企业开始生产经营后而不是投入资本时发生的外汇价差列入了资本公积。

（2）审计要点

一个会计期间牵扯的资本公积业务不是很多，因此审计人员在审阅"资本公积"明细账时应注意业务内容，详细审查，发现疑点后，调阅有关会计凭证进行综合分析，然后作出处理。例如，在审查"资本公积"明细账时，发现其来源是某笔应收款项的外汇差价，调阅该笔应收款项的会计凭证后，知其应作汇兑损益处理，据此调整账务处理。

2. 资本公积的使用不正确

（1）表现形式

不按法定程序转增资本，用资本公积从事职工福利设施的建设、滥发奖金等。

（2）审计要点

审计人员应审阅"资本公积"明细账的借方记录内容，如在审阅账簿摘要内容时了解到"资本公积"明细账中列有"经董事会决定扩建澡堂"，据此入手调阅有关凭证，了解该项支出情况，查证问题。又如"资本公积"明细账摘要内容为"转增资本"，据此应进行合法性审查，看增资是否经董事会决定，并报经管理机关批准和依法办理增资手续。调阅有关资料，如董事会决议、工商部门复函等，从而发现、查证问题。

3. 资本（股本）溢价收入的错误处理

（1）表现形式

企业溢价发行股票的溢价收入计入股本或实收资本，而不计入资本公积。

（2）审计要点

审计人员应审阅企业的股票发行章程办法及证监会批准企业发行股票的相关文件资料。对溢价发行，采用复算法计算发行企业股票的面值总额，将结果与账面记录进行比较。

二、资本公积审计案例

案例一

1. 发现疑点

审计人员在审查某企业"资本公积"明细账时，发现贷方发生额 1 000 元，摘要内容为"偿还进口原材料货款外汇价差"。很明显，该公司会计人员对资本公积有错记问题。

2. 追踪查证

为了核实，审计人员了解到该公司是一年前开业的，而且投入资本早已到位。审计人员调阅了该笔"偿还进口原材料货款外汇价差"业务的记账凭证，该记账凭证为 2017 年 10 月 5 日 8#凭证，其反映的会计分录是

借：应付账款　　　　　　　　　　　　　　　　　　86 000
　　贷：银行存款　　　　　　　　　　　　　　　　　85 000
　　　　资本公积　　　　　　　　　　　　　　　　　 1 000

10 月 5 日的汇率为 1∶8.5，应付原材料款为 10 000 美元。审计人员调阅了 10 月 1 日反映购料的 2#记账凭证，其会计分录是

借：原材料（假设不考虑增值税）　　　　　　　　　86 000
　　贷：应付账款　　　　　　　　　　　　　　　　　86 000

10 月 1 日的汇率是 1∶8.6，审计人员还查阅了进货发票，发票表明进口了价值为 10 000 美元的原材料。

3. 问题

由于外汇价差是在经营期间发生的，该差价应该计入财务费用作为期间费用处理，不应作为资本公积。该单位将应计入财务费用的经营期间的外汇价差错计入资本公积，虚增

了当月利润 1 000 元。

4. 调账

假如此次调账是在年度结账前，则应作如下调账分录：

借：资本公积　　　　　　　　　　　　　　　　　　　　1 000
　　贷：财务费用　　　　　　　　　　　　　　　　　　　　　1 000

假如在年度结账后调账，还需作如下账务处理：

借：所得税费用　　　　　　　　　　　　　　　　　　　　250
　　贷：应交税费——应交所得税　　　　　　　　　　　　　　250
借：财务费用　　　　　　　　　　　　　　　　　　　　　1 000
　　贷：所得税费用　　　　　　　　　　　　　　　　　　　　250
　　　　利润分配——未分配利润　　　　　　　　　　　　　　750

案例二

1. 发现疑点

审计人员在审查某股份有限公司注册资本时，发现其在工商行政管理部门登记的注册资本为 10 000 000 元，每股面值为 1 元，但"实收资本"账户账面余额为 20 000 000 元。审计人员怀疑其有漏记资本公积的问题（将资本公积作为实收资本的一部分）。

2. 追踪查证

经询问，该公司并没有再发行股票，也没有办理增资手续。调阅该笔会计分录的记账凭证所附的原始凭证，发现是一张银行存款回执，金额为 20 000 000 元。该公司发行股票为溢价发行，发行价格为 2 元/股。审计人员认定对实收资本的核算不当。

3. 问题

该公司没有区分注册资本与资本公积，虚增了注册资本，漏记了资本公积，不符合会计规定。经了解，原因是该公司会计人员一时疏忽，混淆了两者。

4. 调账

应把 20 000 000 元分为"实收资本"与"资本公积"两部分，"实收资本"账户只核算按股票面值计算的价值。可作如下调整：

借：实收资本　　　　　　　　　　　　　　　　　　　10 000 000
　　贷：资本公积——股本溢价　　　　　　　　　　　　　10 000 000

案例三

1. 发现疑点

审计人员在审查某公司"资本公积"账户时，发现一笔金额为 700 000 元的借方记录。再看对应的明细账，知其时间为 2017 年 8 月 31 日，摘要内容为"转增资本"。由于时间不在年初、年终，审计人员怀疑该公司随意转增资本。

2. 追踪查证

审计人员调阅了该笔记账凭证，显示的分录为

借：资本公积　　　　　　　　　　　　　　　　　　　　　700 000
　　贷：实收资本　　　　　　　　　　　　　　　　　　　　　　　700 000

但该记账凭证并没附有原始凭证。查阅董事会会议记录，未见作过增资决定。

3. 问题

审计人员最后认为，该公司在没有办理规定手续的情况下随意转增资本，核算不规范。

4. 调账

被审计单位应办理有关手续，经过一定程序后按规定转增资本。更正 8 月 31 日的转增资本，账务调整如下：

借：实收资本　　　　　　　　　　　　　　　　　　　　　700 000
　　贷：资本公积　　　　　　　　　　　　　　　　　　　　　　　700 000

案例四

1. 发现疑点

审计人员在审计某公司 2017 年度财务报表时，发现该公司为国家控股股份公司，2017 年以 3 元/股的发行价格向社会公众发行了面值为 1 元的普通股 2 000 万股。审计人员通过查阅与股票发行有关的资料，了解到该公司发行股票的数量、发行价格和股票面值，计算出溢价总面额为 40 000 000 元[20 000 000×（3-1）]。随后审计人员对有关会计记录进行了检查，发现因溢价发行而增加的资本公积为 40 000 000 元，这与股票的溢价总金额相一致。这种做法不符合客观规律，发行股票必然发生相应的发行费用。

2. 追踪查证

审计人员对费用类账户进行了检查，在"财务费用"账户中发现溢价发行股票的费用 650 000 元，其分录为

借：财务费用——手续费　　　　　　　　　　　　　　　　650 000
　　贷：银行存款　　　　　　　　　　　　　　　　　　　　　　　650 000

根据企业会计制度的规定，我国一般采用面值发行和溢价发行股票。在溢价发行的情况下，企业发行股票取得的收入相当于面值的部分计入股本，超出股票面值的净溢价收入计入资本公积。而这里所谓的净溢价收入是指超出股票面值的溢价收入扣除支付的手续费、佣金后的净收入。另外，根据收入与费用相匹配的原则，因发行股票发生的发行费用应抵减资本公积。

3. 问题

该公司这样做的结果是将 650 000 元的发行费用计入了期间费用，调减了 2017 年的利润，偷逃企业所得税。

4. 调账

借：资本公积——股本溢价　　　　　　　　　　　　　　650 000
　　贷：财务费用——手续费　　650 000

假设该企业适用的所得税税率为 25%：

借：所得税费用　　　　　　　　　　　　　　　　　　　162 500
　　贷：应交税费——应交所得税　　　　　　　　　　　　　　　162 500
借：财务费用——手续费　　　　　　　　　　　　　　　650 000
　　贷：所得税费用　　　　　　　　　　　　　　　　　　　　　162 500
　　　　利润分配——未分配利润　　　　　　　　　　　　　　　487 500

第六节　交易性金融资产审计

一、交易性金融资产核算的常见错弊及审计要点

1. 入账价值错误

（1）表现形式

① 购买价中包含的股利或利息处理错误。未将购买价中包含的已经宣告发放但尚未领取的股利或到付息期但尚未领取的债券利息从交易性金融资产成本中扣除，即未列入应收股利或应收利息。

② 短期投资的货币资金处理错误。已存入证券公司但尚未进行短期投资的货币资金，没有按照要求列示为其他货币资金。

③ 取得交易性金融资产的交易费用处理错误。取得交易性金融资产所发生的相关交易费用没有在发生时计入投资收益，而是计入"交易性金融资产"账户。

（2）审计要点

审计人员应检查"交易性金融资产""应收股利""应收利息""其他货币资金""投资收益"明细账，发现疑点后进一步追查相关原始凭证。

2. 股利、利息收入账务处理不正确

（1）表现形式

在企业持有交易性金融资产期间，被投资单位宣告发放现金股利或资产负债表日计算利息收入时冲减交易性金融资产。

（2）审计要点

审计人员应审阅"投资收益""交易性金融资产""应收股利"等明细账，并与相关股票、

债券的购入业务的凭证相核对，以发现错弊。

3. 出售交易性金融资产时账务处理不正确

（1）表现形式

企业出售交易性金融资产时未冲销其相应的公允价值变动和未领取的现金股利、利息。

（2）审计要点

审计人员应审阅"交易性金融资产"有关明细账及其会计凭证。

二、交易性金融资产审计案例

案例一

1. 发现疑点

审计人员在审查甲公司 2017 年财务报表时，发现甲公司在购入股票时所作的会计分录如下：

借：交易性金融资产　　　　　　　　　　　　　　　　400 000
　　投资收益　　　　　　　　　　　　　　　　　　　　80 000
　　贷：银行存款　　　　　　　　　　　　　　　　　　　　　480 000

出售股票时所作的分录如下：

借：银行存款　　　　　　　　　　　　　　　　　　　260 000
　　贷：交易性金融资产　　　　　　　　　　　　　　　　　　260 000

审计人员认为此笔分录有问题，决定进一步查证。

2. 追踪查证

审计人员进一步追查了记账凭证后附的原始凭证，发现该公司 2017 年 10 月购入 A 公司股票 10 000 股，拟持有 4 个月，每股面值 30 元，购入价为每股 48 元，实际支付金额为 480 000 元，其包含有已宣告发放但尚未支付的股利，即每股 8 元。12 月份甲公司以每股 52 元价格出售 5 000 股。

审计人员分析认为，按会计制度规定，短期股票投资实际支付的价款中包含的已宣告而未领取的现金股利应作为"应收股利"处理，而该企业却将其作为"投资收益"处理。另外，短期投资出售时，按出售的处置收入与短期投资账面价值或账面余额的差额确认为投资收益。若该项短期投资尚有列为债权单独反映的应收股利或应收利息未收回，则确认处置收益时还应扣除这些应收项目，但该企业在出售股票确认投资收益时未将应收股利予以扣除。

3. 问题

由于投资收益处理错误，该企业投资收益虚减 1 000 000 元，减少了本期的利润总额，少纳了企业所得税。

4. 调账

将购买的股票进行调账，处理如下：

借：应收股利　　　　　　　　　　　　　　　　　　80 000
　　贷：投资收益　　　　　　　　　　　　　　　　　　　80 000

将出售股票的分录进行调整如下：

借：交易性金融资产　　　　　　　　　　　　　　　　60 000
　　贷：应收股利　　　　　　　　　　　　　　　　　　　40 000
　　　　投资收益　　　　　　　　　　　　　　　　　　　20 000

应结转50%的交易性金融资产200 000元，实转260 000元，所以冲销多转的60 000元。

案例二

1. 发现疑点

审计人员在审查甲企业2017年2月份的账目时，发现企业有如下一笔会计分录：

借：交易性金融资产　　　　　　　　　　　　　　　600 000
　　管理费用　　　　　　　　　　　　　　　　　　　　2 500
　　贷：银行存款　　　　　　　　　　　　　　　　　　602 500

2. 追踪查证

审计人员进一步追查相应的原始凭证，发现该企业2017年2月1日购入某债券600 000元，准备短期持有，赚取差价，支付佣金2 000元，手续费500元。根据《企业会计准则》的规定，企业取得交易性金融资产所发生的相关交易费用应当在发生时计入投资收益。

3. 问题

企业违反了《企业会计准则》的规定，将取得的交易性金融资产所发生的相关交易费用计入了管理费用，属于账务处理错误。

4. 调账

借：投资收益　　　　　　　　　　　　　　　　　　　2 500
　　贷：管理费用　　　　　　　　　　　　　　　　　　　2 500

案例三

1. 发现疑点

审计人员在审查某企业2017年度财务报表时，发现企业某笔购买股票后的账务处理如下：

借：库存现金　　　　　　　　　　　　　　　　　　　　　　　　1 500
　　贷：投资收益　　　　　　　　　　　　　　　　　　　　　　　　1 500

2. 追踪查证

审计人员进一步追查相关的原始凭证，发现该企业 2017 年 2 月 8 日购入某股份有限公司股票 1 000 股，每股面值 50 元，该股票 2 月 4 日已宣告发放股利，每股 1.5 元，共计支付购买金额 51 500 元，2 月 24 日起发放现金股利。上述分录即为企业收到现金股利时所作。根据会计制度的规定，企业在收到购买时已宣告发放的现金股利时不确认投资收益，而是要冲减应收股利。

3. 问题

该企业在收到购买时已宣告发放的现金股利时确认了投资收益，而未冲减应收股利，违反了企业会计制度的规定，造成虚增利润。

4. 调账

借：投资收益　　　　　　　　　　　　　　　　　　　　　　　　1 500
　　贷：应收股利　　　　　　　　　　　　　　　　　　　　　　　　1 500

第七节　持有至到期投资审计

一、持有至到期投资核算的常见错弊及审计要点

1. 持有至到期投资的计价不正确

（1）表现形式
企业进行债券投资时对支付的价款中含有应计利息的，不按规定在价款中予以扣除，而将全部价款作为债券投资的实际成本。

（2）审计要点
审阅"持有至到期投资"账户下有关明细账中投资价值的记录与摘要，审阅债券登记簿，通过账证、证证核对，确定有关持有至到期投资的计价情况。

2. 期末投资收益计算、核算不正确

（1）表现形式
企业确认期末投资收益时，不考虑摊余成本和实际利率。

（2）审计要点
审计人员应了解被审计单位债券投资结算时间，在规定的结算时间内调阅相关的记账凭证，了解投资收益的会计处理是否准确，投资收益的计算是否正确。

二、持有至到期投资审计案例

案例一

1. 发现疑点

审计人员 2017 年 3 月对甲企业的持有至到期投资进行审查，发现该企业对持有至到期投资利息的处理不正确。

2. 追踪查证

审计人员调阅甲企业债券投资的资料，发现该企业 2016 年 2 月 2 日购入乙企业 2015 年 1 月 1 日发行的 4 年期债券，面值为 10 000 000 元，票面利率 4%。甲企业以 9 927 700 元的价格购入，另支付手续费 200 000 元。该债券每年 2 月 5 日付息，最后一次付息连同本金一起支付。购入债券的实际利率为 5%。通过了解，该单位按年计算利息。

审计人员调阅了甲企业的记账凭证，发现其记录如下。

甲企业 2016 年 2 月 2 日的购入债券时：

借：持有至到期投资——成本　　　　　　　　　　　　10 000 000
　　财务费用——手续费　　　　　　　　　　　　　　　　200 000
　　贷：银行存款　　　　　　　　　　　　　　　　　　10 127 700
　　　　持有至到期投资——利息调整　　　　　　　　　　　72 300

2016 年 2 月 5 日收到债券利息时：

借：银行存款　　　　　　　　　　　　　　　　　　　　400 000
　　贷：持有至到期投资——应计利息　　　　　　　　　　400 000

2016 年 12 月计息时：

借：持有至到期投资——应计利息　　　　　　　　　　　400 000
　　持有至到期投资——利息调整　　　　　　　　　　　　86 385
　　贷：投资收益　　　　　　　　　　　　　　　　　　　486 385

审计人员分析认为，按照《企业会计准则》规定，持有至到期投资的账务处理如下：

① "持有至到期投资——成本"账户只反映面值。支付的价款中包含已到付息期但尚未领取的利息，应在"应收利息"账户中单独核算。

② 支付的价款的佣金、手续费应计入"持有至到期投资——利息调整"账户。所以，利息调整不仅是折溢价，还包括佣金、手续费等。取得持有至到期投资的会计处理如下：

借：持有至到期投资——成本（面值）
　　应收利息（已到付息期但尚未领取的利息）
　　持有至到期投资——利息调整（倒挤出差额，也可能在贷方）
　　贷：银行存款

③ 资产负债表日计算利息和记录。分期付息、一次还本的利息计入"应收利息"账户；到期一次还本利息应记计入"持有至到期投资——应计利息"账户。该两种利息只是间不同，数额都是"面值×票面利率"。

④ 计算本期投资收益：

$$本期投资收益=摊余成本 \times 实际利率$$

⑤ 计算本期利息调整。利息调整为应收利息（应计利息）和投资收益的差额，数额可能在借方也可能在贷方。

3. 问题

甲企业持有至到期投资的账务处理不正确，既对投资收益有影响，又会影响各期财务报表中持有至到期投资的会计信息。

4. 调账

① 2016年2月2日，购买债券：

借：持有至到期投资——成本　　　　　　　　　　　　　10 000 000
　　应收利息　　　　　　　　　　　400 000（10 000 000×4%）
　　贷：银行存款　　　　　　　　　　　　　　　　　　 1 027 700
　　　　持有至到期投资——利息调整　　　　　　　　　　　272 300
借：应收利息　　　　　　　　　　　　　　　　　　　　　　400 000
　　贷：财务费用　　　　　　　　　　　　　　　　　　　　200 000
　　　　持有至到期投资——利息调整　　　　　　　　　　　200 000

② 2016年2月5日收到债券利息：

借：银行存款　　　　　　　　　　　　　　　　　　　　　　400 000
　　贷：应收利息　　　　　　　　　　　　　　　　　　　　400 000

调整分录如下：

借：持有至到期投资——应计利息　　　　　　　　　　　　　400 000
　　贷：应收利息　　　　　　　　　　　　　　　　　　　　400 000

③ 2016年12月31日计提利息时，应确认的投资收益=9 727 700×5%=486 385（元），持有至到期投资-利息调整=486 385-1 000×4%=486 345（元）。

正确分录如下：

借：应收利息　　　　　　　　　　　　　　　　　　　　　　400 000
　　持有至到期投资——利息调整　　　　　　　　　　　　　 86 385
　　贷：投资收益　　　　　　　　　　　　　　　　　　　　486 385

调整分录如下：

借：应收利息　　　　　　　　　　　　　　　　　　　　　　400 000
　　贷：持有至到期投资——应计利息　　　　　　　　　　　400 000

案例二

1. 发现疑点

审计人员审查某企业持有至到期投资业务，发现有以下业务：2017年1月1日以

105 000元购入票面价值为1 000元、4年期分期付息、到期还本的债券100张,其中包括5 000元手续费,债券票面利率10%。审计人员怀疑核算有误,决定进一步追查。

2. 追踪查证

审计人员调阅了相应的记账凭证,发现其会计分录为

借:持有至到期投资——成本 100 000
　　账务费用 5 000
　贷:银行存款 105 000

3. 问题

根据有关规定,持有至到期投资的手续费应计入"持有至到期投资——利息调整"账户。该企业此做法既虚减了资产,又虚减了利润。

4. 调账

调整购入债券的分录如下:
借:持有至到期投资——利息调整 5 000
　贷:财务费用 5 000
将财务费用转作持有至到期投资——利息调整

案例三

1. 发现疑点

审计人员审查某企业的"持有至到期投资"账户时,发现该账户的入账价值与实际支付的价值有差异。审计人员怀疑其核算有误,决定进一步追查。

2. 追踪查证

某企业2017年1月1日购入甲企业3年期债券,面值为100 000元,实际支付款项110 000元。其会计分录为

借:持有至到期投资——成本 100 000
　　投资收益 10 000
　贷:银行存款 110 000

3. 问题

该企业在其账务处理时错将溢价列入投资收益,虚增了企业的利润。

4. 调账

借:持有至到期投资——利息调整 10 000
　贷:投资收益 10 000

第八节　长期股权投资审计

一、长期股权投资核算的常见错弊及审计要点

1. 长期股权投资的入账价值不正确

（1）表现形式
① 企业在确认长期股权投资成本时没有包括相关的税费和手续费。
② 企业在确认长期股权投资成本时并没有扣减已宣告但尚未领取的现金股利。

（2）审计要点
审计人员应了解企业的投资合同或协议，对于重大投资，还应了解董事会的有关决议，查看企业在投资时是否发生了相关的手续费用，以此来判断其长期股权投资的入账价值是否准确。

2. 长期股权投资的核算方法选择不正确

（1）表现形式
企业不按照会计制度的规定，随意采用成本法和权益法进行核算，造成企业投资的会计信息不真实，会计处理不正确。

（2）审计要点
审计人员首先应检查企业有哪些投资项目适合权益法，并通过询问管理当局或函证被投资企业等方式，确认企业是否确实对接受投资企业拥有共同控制或重大影响，检查企业对这些项目是否采用了权益法。如果企业未按规定选择权益法核算，审计人员应该取得该企业对接受投资企业拥有共同控制或重大影响的证据。

3. 长期股权投资收益的确定不正确

（1）表现形式
企业在采用成本法核算长期股权投资时，将被投资企业宣告分派的现金股利确认为长期股权投资的账面价值，而不是确认为投资收益。
企业在采用权益法核算长期股权投资时并不是总随着被投资企业净资产的增减而增减投资收益，而是随意确认投资收益。

（2）审计要点
① 审查股利收入的真实性和正确性。按照不同种类股票，分别从公开印发的股利手册或证券公司及付款单位入手查证各种股票的股利收入。
② 审查股利收入会计处理的正确性。核对企业有关货币资金账户和"投资收益"账户，审查企业所获得的股利收入是否得到适当、正确的记录。采用权益法核算长期股权投资时，应主要检查企业投资收益增减额的正确性，即是否按在被投资企业的投资比例来分享投资收益。

4. 长期投资减值准备的计算不正确

（1）表现形式

按照企业会计制度的规定，企业应当定期或至少于每年度终了，对长期投资进行逐项检查，然后按照各个投资项目计算确定长期投资的减值准备。而有些企业按照长期投资总体计算长期投资减值准备。

（2）审计要点

审计人员应首先审查被审计单位的投资项目，然后索取市价资料，审核被审计单位长期投资减值准备计算的正确性。

二、长期股权投资审计案例

案例一

1. 发现疑点

审计人员在对某企业对外投资活动的审查中，通过审查"长期股权投资"账户、对外投资有关文件资料等，发现有一项以专有技术向某单位投资的记录，在计价方面存在不真实、不正确的问题。即该企业以无形资产对外投资，按规定，其计价应根据投出时签订的合同、协议约定的价值或者评估确认金额计价。但是，审计人员看到的是，"长期股权投资"账户余额反映该项对外投资的计价是45 000元，而从该企业调阅的文件中表明，经有关方面对该项专有技术评估确定的价值为50 000元，两者相抵差5 000元。审计人员初步认为，这是一笔未按规定少计对外投资价值的投资活动，决定对少计的原因和结果作进一步的查证。

2. 追踪查证

审计人员对"长期股权投资"账户下"专有技术"明细账中的记录等作了进一步的查证。经过核对、查证，审计人员认为在计价上不属于技术上的错误。审计人员对该项专有技术进行调查分析，并重新估价（根据对外投资当时的技术市场情况，对该项技术进行多次重估，并由有关专业机构担当此任），将重估确定的价值与被查单位账面上的实际计价情况进行核对，认为其少计价值5 000元左右。审计人员进一步扩大查账范围，如核对"银行存款""其他应收款"等账户，并调阅了相关的记账凭证，证实了该企业在征得接受投资单位的同意后，双方以45 000元（余额45 000元，无累计摊销等）入账，但接受投资单位另付给该企业4 000元的现金回扣，并将其计入了"其他应付款"账户。

2017年4月10日5#记账凭证反映的对外投资的会计分录为

借：长期股权投资　　　　　　　　　　　　　　　　　　　　　45 000

　　贷：无形资产——专有技术　　　　　　　　　　　　　　　　　　45 000

2017年5月15日7#记账凭证反映的收取回扣的会计分录为

借：库存现金　　　　　　　　　　　　　　　　　　　　　　　4 000

　　　　贷：其他应付款　　　　　　　　　　　　　　　　　　　　　　　　4 000

　　审计人员通过上述查证、调查询问和分析研究，查出了该企业在对外投资活动中不按规定故意少计投资价值5 000元和收取回扣4 000元。

3. 问题

　　审计人员确认该企业人为少计对外投资价值，并从中收取回扣，造成了账务记录和处理不真实、不正确、不合法的事实，势必影响将来投资收益不真实，给国家造成损失；从中收取回扣，将会给该企业管理上带来隐患，助长了弄虚作假、为小团体谋利的不良作风。

4. 调账

① 对投资计价进行账务调整：
借：长期股权投资　　　　　　　　　　　　　　　　　　　　　　　　5 000
　　贷：资本公积　　　　　　　　　　　　　　　　　　　　　　　　　5 000
调增"长期股权投资"和"资本公积"账户。

② 退回其收取的回扣：
借：其他应付款　　　　　　　　　　　　　　　　　　　　　　　　　4 000
　　贷：库存现金　　　　　　　　　　　　　　　　　　　　　　　　　4 000

案例二

1. 发现疑点

　　审计人员对甲公司进行审计时发现，该公司在3年前对乙公司投资5 000 000元，但一直没能得到乙公司的财务报表，没有取得乙公司盈利状况记录，因而甲公司没有作对乙公司投资收益的会计处理。在初步了解甲公司财务状况后，审计人员得知乙公司自投产后每年实现盈利，甲公司应当取得对乙公司投资收益的相关记录，并作相关的投资收益会计处理。

2. 追踪查证

　　审计人员为了审查这一事项，首先检验了投资的真实性，采取从投资时会计账簿记录查到投资时的会计凭证的方式。会计分录为

借：长期股权投资　　　　　　　　　　　　　　　　　　　　　　　5 000 000
　　贷：固定资产　　　　　　　　　　　　　　　　　　　　　　　　4 500 000
　　　　库存商品　　　　　　　　　　　　　　　　　　　　　　　　　500 000

经审查原始凭证，发现所编的记账凭证是准确无误的。按会计凭证记录内容，审计人员又审查了投资时双方签订的协议。协议书上注明：甲公司以实物资产的账面价值出资，出资额占乙公司注册资本的30%。协议还规定，甲公司按其所持股份参与乙公司的董事会决策；自盈利年份起，乙公司应从其税后利润中按甲公司的出资比例向甲公司派发股利。为了进一步调查乙公司分派股利的情况，审计人员向乙公司发出了询证函。在询函发出一

星期后，审计人员收到了乙公司寄来的财务报表。从财务报表资料可知，乙公司自成立后每年盈利，至今已累积税后利润 7 000 000 元。由于公司业务形势好，需要扩大生产规模，但不易取得信贷资金，因此在征得股东同意的前提下一直未对外分配现金股利。乙公司的财务报表上没有应付股利的记录。

审计人员在取得了上述审计证据后，与甲公司的会计主管人员交换意见。甲公司的会计主管认为，进行长期股权投资核算可使用成本法或权益法，在没有明确的划分标准时使用成本法核算，在没有收到现金股利时不记录投资收益；并认为，使用成本法核算有利于正确核算利润额，也有利于正确计算企业所得税。

按关联方交易准则的要求，甲公司已持有乙公司有表决权股份的 30%，并参加乙公司的董事会决策，属于对投资单位有重大影响，应采用权益法进行核算，因此在 2017 年年末的财务报表中应按权益法的要求对长期股权投资及投资收益进行正确表述。

3. 问题

该企业连续 3 年未反映企业投资收益，影响了企业的收益，少纳了企业所得税。

4. 调账

根据乙公司累计实现的净利润，按甲公司占乙公司股份的比例，应调增"长期股份权投资"账户 210 000 元（7 000 000×30%），并将调增的数额计入"投资收益"账户，调整后的分录如下：

借：长期股权投资　　　　　　　　　　　　　　　　　　　　　210 000
　　贷：投资收益　　　　　　　　　　　　　　　　　　　　　　　　210 000

案例三

1. 发现疑点

审计人员在对甲企业的长期股权投资进行审查时，发现下列情况：2017 年 1 月，甲企业用固定资产和现金对乙企业进行长期投资，固定资产的评估价值为 3 000 000 元，动用货币资金 40 000 000 元，拥有乙方企业 30% 的控股权。经过一年经营，乙企业的报告净利润为 60 000 000 元，董事会宣告并发放股利 20 000 000 元。2017 年 12 月 31 日，甲企业所作的会计分录为

借：银行存款　　　　　　　　　　　　　　　　　　　　　　6 000 000
　　贷：投资收益　　　　　　　　　　　　　　　　　　　　　　　6 000 000

审计人员认为此账务处理有问题。

2. 追踪查证

审计人员分析认为，甲企业对乙方企业的股权投资为 30% 有表决权股份，所以应采用权益法进行核算，而不应该使用成本法进行核算，而该企业则采用了成本法进行长期股权投资核算。正确的会计处理如下：

乙方企业报告当期收益时：
　　借：长期股权收益　　　　　　　　　　　　　　　　　　18 000 000
　　　　贷：投资收益　　　　　　　　　　　　　　　　　　　　　18 000 000
董事会宣告发放股利时：
　　借：银行存款　　　　　　　　　　　　　　　　　　　　　6 000 000
　　　　贷：长期股权投资　　　　　　　　　　　　　　　　　　　6 000 000

3. 问题

甲企业采用成本法对该笔投资进行核算，少计长期股权投资 12 000 000 元，少计投资收益 12 000 000 万元，同时少纳了企业所得税，即歪曲了企业财务状况和经营成果，少缴纳了税金。

4. 调账

　　借：长期股权投资　　　　　　　　　　　　　　　　　　12 000 000
　　　　贷：投资收益　　　　　　　　　　　　　　　　　　　　12 000 000
假设企业按25%的税率缴纳企业所得税：
　　借：所得税费用　　　　　　　　　　　　　　　　　　　　3 000 000
　　　　贷：应交税费——应交所得税　　　　　　　　　　　　　3 000 000
　　借：投资收益　　　　　　　　　　　　　　　　　　　　　12 000 000
　　　　贷：所得税费用　　　　　　　　　　　　　　　　　　　3 000 000
　　　　　　利润分配——未分配利润　　　　　　　　　　　　　9 000 000
按净利润的10%提取盈余公积，按50%向股东分配股利：
　　借：利润分配——未分配利润　　　　　　　　　　　　　　5 400 000
　　　　贷：盈余公积　　　　　　　　　　　　　　　　　　　　　900 000
　　　　　　应付股利　　　　　　　　　　　　　　　　　　　4 500 000

第九节　投资收益审计

一、投资收益核算的常见错弊及审计要点

1. 账户内容记录不完整

（1）表现形式

① 截留长期债券投资利息收入。企业为了截留利息收入和偷漏税款，不作长期债券投资的投资收益，而是将利息收入计入"其他应付款"账户，挂账舞弊。以这种做法截留长期债券投资收益的舞弊分录如下：

　　借：银行存款
　　　　贷：其他应付款

② 截留联营利润，扩大奖金发放。企业为了捞取好处，在联营利润分配时，与联营单位协商后将应分得的联营投资利润隐匿在联营单位，并授意联营单位将此投资利润由"应付利润"账户转入"其他应付款"账户，待日后投资单位需要时，再从联营单位提现纳入"小金库"，用于本单位职工直接私分或发放奖金、实物。

被投资单位隐匿投资利润的分录如下：

借：应付利润
　　贷：其他应付款

投资单位提现的分录如下：

借：其他应付款
　　贷：库存现金

③ 截留短期投资收益。通常企业购买股票、债券等进行短期投资时，采用虚列债权的手段隐瞒短期投资，这一做法的根本目的是截留短期投资收益。舞弊行为发生时通常作以下分录：

借：应收账款
　　贷：银行存款

④ 截留出售股票时的投资收益。其具体做法是将出售股票时所获得的投资收益直接计入"其他应付款"账户，再由"其他应付款"账户转入"应付职工薪酬"账户，逃脱了应纳企业所得税。其作弊分录如下：

借：银行存款
　　贷：其他应付款

转入福利费的分录如下：

借：其他应付款
　　贷：应付职工薪酬

（2）审计要点

审计人员应审查企业的"长期股权投资""持有至到期投资""交易性金融资产"明细账，仔细检查"应付账款""其他应付款""应收账款"账户是否隐匿企业的投资收益。

2. 在债券投资中只记债券面值，不记溢（折）价

（1）表现形式

企业溢价或折价购入长期债券时，以债券的面值计入投资类账户，将债券的溢价或折价列入企业当期损益，从而造成企业的投资不实和损益不实。例如，造成长期投资不实的分录如下：

借：持有至到期投资
　　投资收益
　　贷：银行存款

（2）审计要点

审计人员审查时，应结合具体投资业务，审阅"投资收益"明细账和"持有至到期投资"明细账记录，抽查有关会计凭证，核对投资审批文件、投资协议等资料，结合"银行存款""其他应收款"等账户，对债券利息及债券溢折价进行复算，以确认短期投资所获得的收益

或损失的正确性，长期投资的收益或损失入账的及时性，有无隐瞒或虚计投资收益。

二、投资收益审计案例

案例一

2018年1月20日，注册会计师在审计东方公司2017年债券投资时，发现该公司2017年1月1日以250 000元购入汛飞公司发行的4年期债券，票面利率为10%，市场利率为6%，面值为240 000元，到期一次还本付息。作如下会计分录。

1）年初取得投资时：

借：持有至到期投资——成本　　　　　　　　　　　　　　　240 000
　　持有至到期投资——利息调整　　　　　　　　　　　　　 10 000
　　贷：银行存款　　　　　　　　　　　　　　　　　　　　 250 000

2）年末确认实际利息收入和应收票面利息时：

借：持有至到期投资——应计利息　　　　　　　　　　　　　 24 000
　　贷：持有至到期投资——利息调整　　　　　　　　　　　　4 000
　　　　投资收益　　　　　　　　　　　　　　　　　　　　 20 000

该公司年末确认实际利息收入和溢价摊销数不正确，应按实际利率确认债券利息收入250 000×6%=15 000（元），计入投资收益。票面利息24 000元与实际利息15 000元的差额为9 000元，作为溢价摊销数计入"持有至到期投资——利息调整"账户。

注册会计师提请该公司调整会计处理，同时编制如下审计调整分录：

借：投资收益　　　　　　　　　　　　　　　　　　　　　　　5 000
　　贷：持有至到期投资——利息调整　　　　　　　　　　　　5 000

同时，调整所有财务报表其他项目。

案例二

审计人员发现瑞丰公司2019年1月10日购买光明股份有限公司发行的股票5 000 000股准备长期持有，占光明股份有限公司股份的30%。每股买入价为5元，另外，购买该股票时发生有关税费500 000元，款项已由银行存款支付。瑞丰公司在取得对光明公司的股权后，派人参与了光明公司的生产经营决策。因能够对光明公司的生产经营决策施加重大影响，瑞丰公司对该投资按照权益法核算。2018年12月31日，光明股份有限公司的所有者权益的账面价值（与其公允价值不存在差异）为100 000 000元。瑞丰公司作如下会计处理。

计算原始投资成本：股票成交金额=5 000 000×5=25 000 000（元），加上相关税费500 000元，原始投资成本=25 000 000+500 000=25 500 000（元）。

编制购入股票的会计分录：

借：长期股权投资——成本　　　　　　　　　　　　　　　25 500 000
　　贷：银行存款　　　　　　　　　　　　　　　　　　　25 500 000

审计人员指出，长期股权投资的初始投资成本25 500 000元小于投资时应享有被投单位可辨认净资产公允价值份额 30 000 000 元（100 000 000×30%），其差额 4 500 000 元应调整已确认的初始投资成本。同时按其差额，贷记"营业外收入"账户。会计分录为

　　借：长期股权投资——成本　　　　　　　　　　　　　　4 500 000
　　　　贷：营业外收入　　　　　　　　　　　　　　　　　　　　4 500 000

因此，审计要求瑞丰公司进行调整。

此外，审计人员发现，2019 年光明股份有限公司实现净利润 20 000 000 元，而且其可供出售金融资产的公允价值增加了 5 000 000 元。对此，瑞丰公司并未按照持股比例确认与调整投资收益与资本公积。

审计人员指出，瑞丰公司应根据被投资单位实现的净利润计算应享有的份额，即按照持股比例确认投资收益 6 000 000 元。瑞丰公司应作如下调整分录：

　　借：长期股权投资——损益调整　　　　　　　　　　　　6 000 000
　　　　贷：投资收益　　　　　　　　　　　　　　　　　　　　　6 000 000

光明股份有限公司除净损益以外所有者权益的其他变动，瑞丰公司应按持股比例计算应享有的份额，借记"长期股权投资——其他权益变动"账户，贷记"资本公积——其他资本公积"账户。即瑞丰公司应按照持股比例确认相应的资本公积 1 500 000 元。瑞丰公司应作如下调整分录：

　　借：长期股权投资——其他权益变动　　　　　　　　　　1 500 000
　　　　贷：资本公积——其他资本公积　　　　　　　　　　　　　1 500 000

对这笔投资业务，审计人员认为瑞丰公司为了少纳企业所得税，没有正确使用权益法核算，故意减少投资收益和营业外收入。审计人员提出了正确的账务处理方式，公司会计人员也接受了这种做法。

案例三

1. 发现疑点

审计人员在查阅某工业企业 2017 年利润表、资产负债表时，发现当年投资收益与"长期股权投资"账户账面价值相比，投资报酬率较低，决定作进一步查询。

2. 追踪查证

审计人员查阅该企业"投资收益"账户 2017 年 10 月 20 日 5#记账凭证，发现"摘要"栏中注明"债券利息"收入，金额为 100 000 元，其会计分录为

　　借：银行存款　　　　　　　　　　　　　　　　　　　　　300 000
　　　　贷：投资收益　　　　　　　　　　　　　　　　　　　　　　100 000
　　　　　　预收账款　　　　　　　　　　　　　　　　　　　　　　200 000

审计人员询问当事人，核对投资协议并向被投资方调查，确认被审计企业收到的 300 000 元均为投资收益，但为了达到调节利润的目的，该企业将其中 200 000 元作为了预收款处理。

3. 问题

被审计企业为了达到隐匿收益、人为调节利润水平的目的，未将投资收益及时足额入账。

4. 调账

假定企业适用的所得税税率为25%，按净利润10%提取盈余公积，按40%分配给投资者，调整分录如下。

借：预收账款 200 000
　　贷：投资收益 200 000
借：所得税费用 50 000
　　贷：应交税费——应交所得税 50 000
借：投资收益 200 000
　　贷：所得税费用 50 000
　　　　利润分配——未分配利润 150 000
借：利润分配——未分配利润 75 000
　　贷：盈余公积 15 000
　　　　应付股利 60 000

案例四

1. 发现疑点

审计人员在对某企业2017年的账务进行审查时发现该企业在2017年1月有一笔投资业务。该企业为了充分利用闲散资金，决定在2017年年初与甲工厂进行联营，用货币资金对外投资，投资采用成本法核算。

协议规定该企业年终可分得投资收益300 000元，审计人员审查"投资收益"账户，却没有发现甲工厂分回的利润。

2. 追踪查证

审计人员审查该企业2017年年终有关业务凭证时发现相关凭证，其会计分录为
借：银行存款 300 000
　　贷：其他应付款 300 000
2018年年初相关凭证的会计分录为
借：库存现金 300 000
　　贷：银行存款 300 000
借：其他应付款 300 000
　　贷：应付职工薪酬 300 000
审计人员询问财务人员，财务人员承认收到的300 000元正是甲工厂分来的联营利润。

3. 问题

该企业 2017 年年终截留了分得的联营利润，2018 年春节用以解决职工医疗费用和其他福利费用。

4. 调账

借：应付职工薪酬　　　　　　　　　　　　　　　　300 000
　　贷：投资收益　　　　　　　　　　　　　　　　　　　300 000

冲销"应付职工薪酬"账户 300 000 元，补充投资收益 300 000 元：

借：所得税费用　　　　　　　　　　　　　　　　　 75 000
　　贷：应交税费——应交所得税　　　　　　　　　　　　 75 000
借：投资收益　　　　　　　　　　　　　　　　　　300 000
　　贷：所得税费用　　　　　　　　　　　　　　　　　　 75 000
　　　　利润分配——未分配利润　　　　　　　　　　　　225 000

以净利润的 10%提取盈余公积，以 50%向投资者分配，作如下分录：

借：利润分配——未分配利润　　　　　　　　　　　135 000
　　贷：盈余公积　　　　　　　　　　　　　　　　　　　 22 500
　　　　应付利润　　　　　　　　　　　　　　　　　　　112 500

第六章

货币资金审计

第一节 库存现金审计

一、库存现金核算的常见错弊及审计要点

库存现金是流动性最强的资产,其可随时用于购买所需物资,支付有关费用,偿还债务,也可以随时存入银行,因而最容易成为财务舞弊的对象。在审计"库存现金"项目时,审查库存现金是否存在舞弊行为成为审计的主要目标。库存现金核算中的错弊形式有如下几种。

1. 少记库存现金收入,贪污少记库存现金

(1) 表现形式

出纳员或收款员改小"销售收入"明细账和库存现金日记账记录的收入金额,从而将剩余的实收现金占为己有。

① 涂改凭证金额。会计人员利用原始凭证的漏洞或办理业务的便利条件更改发票或收据金额,常表现为将收入金额改小,从而将剩余的现金占为己有。

② 使用私存的空白发票或收据开票。当客户交存现金时,出纳员收到现金后,用私存的空白发票或者收据开给客户(未使用连续编号的发票或收据),将相关收入的现金不入账,会计和其他人员也不易察觉到该现象。

③ 撕毁票据或不开票据。在收到现金时不报账,而是通过撕毁票据或收到现金时不开具收据或发票贪污现金。

④ 假复写。经办人员在复写纸的下面放置废纸,通过假复写的方法,使收入现金的收据存根金额小于实收现金金额,从而少计现金收入额,贪污现金。

(2) 审计要点

① 核对相关记录。核对库存现金日记账、"销售收入"明细账与"库存商品"明细账中的有关记录,确定有无"库存商品"明细账中有销售记录,而"销售收入"明细账和库存现金日记账中却无相关记录的现象,或前者大于后者的情况。

② 审查报废物资的残值处理。对于非法侵占出售其他资产收入现金的行为,检查固定资产、低值易耗品等财产物资的明细记录,尤其应审查报废物资的残值处理,如果账上无收入现金记录,则可能存在将残值存入"小金库"或被贪污的现象。

2. 隐匿回扣、佣金或好处费

（1）表现形式

经办人员在采购物资的过程中利用职务之便收取回扣或好处费，继而将其据为己有或存入"小金库"。

（2）审计要点

审计人员应检查有关材料采购记录，分析被审计单位在采购过程中是否存在舍近求远或所购物资价格偏高、不适销对路的情况。如果有，则进一步调查分析被审计单位是否有借机收取对方回扣或好处费，而将其存入"小金库"的情况。

3. 截留各种罚款收入、押金

（1）表现形式

对收到的罚款通过不开收据或撕毁票据的形式截留收入现金，对收回的保证金不入账等。

（2）审计要点

审计人员应调查了解被审计单位有无收取罚没款而未开具收据的情况，审查被审计单位的罚没款收据是否连续编号，以查证是否有以撕票或匿票的形式将罚没款存入"小金库"的问题；审阅"其他应收款"明细账是否有长期拖欠押金未退还的情况，与收取押金方取得联系，查证是否存在已退回押金而未作现金记录的情况。

4. 虚列支出，虚报冒领

（1）表现形式

企业人员通过改动凭证或者直接虚列现金支出，如工资、补贴等，将报销的现金据为己有。

（2）审计要点

① 审阅反映成本、费用支出情况的明细账及会计凭证。检查有无以领代报、以借代报的记录，如果有，可能存在将其全部或部分未用款项存入"小金库"的现象。

② 核对"应付职工薪酬"明细账与工资结算单及职工名册等。将"应付职工薪酬"明细账与工资结算单及职工名册加以核对，以发现吃空饷现象；将工资结算单与考勤记录加以核对，以发现虚列津贴奖金等现象；审查代扣代发款项是否属实。必要时向职工个人询证，以揭露利用工资结算之机虚列支出、套取现金的行为。

③ 审查有关费用凭证的合理性、合法性。如存在涂改原始凭证或报销凭证，没有经过审核，有关签字模糊现象，应进一步向相关单位或负责人证实，以查明是否有贪污现象。

5. 以现金支付回扣或好处费

（1）表现形式

企业通过支付回扣或好处费的形式销售商品，将支付的回扣或好处费计入生产成本或期间费用，或虚列退货，开具红字发票。

（2）审计要点

审计人员可以通过审阅"生产成本""制造费用""管理费用""销售费用""营业外支出"明细账，并结合库存现金日记账和银行存款日记账的记录，检查有无直接列计回扣或好处费的问题。

对于虚拟退货的现象，可以通过审阅"主营业务收入""其他业务收入"明细账及库存现金日记账和银行存款日记账中的冲销记录，检查是否存在以假退货方式支付回扣或好处费的问题。

6. 挪用现金

（1）表现形式

① 利用库存现金日记账挪用现金。一般来讲，当库存现金库存数与库存现金日记账余额和"库存现金"总账余额相符时，现金管理不存在问题，但是因为总账登记往往是一个星期、一旬或一个月登记一次，当登记完总账并进行账账和账实核对后，就可以利用尚未登记总账之机，采用少计现金收入日记账合计数或多计现金支出日记账合计数的手段，挪用现金。

② 利用借款挪用现金。有些情况下，企业的主管人员利用借款形式为单位职工签批借条一张，职工借款后并未将借款用于借条上的业务，而是将其挪作他用。

③ 延迟入账挪用现金。按照财务制度的规定，企业应该将收入现金及时入账，并及时送存银行，如果收入的现金未作记账凭证或虽已作记账凭证但未及时登账，就给出纳员提供了挪用现金的机会。

④ 循环入账挪用现金。企业相关人员可在一笔应收账款收回现金后，暂不入账，而将现金挪作他用，待下一笔应收账款收现后，用下一笔应收账款收取的现金抵补上一笔应收账款，相关人员继续挪用第二笔应收账款收取的现金；等第三笔应收账款收现后，再用第三笔应收账款收取的现金抵补第二笔应收账款。

⑤ 白条抵库挪用现金。根据现金管理的有关规定，企业不允许用不符合财务制度的白条顶替库存现金。但部分企业人员利用职务上的便利，开出白条抵充现金，为自己或他人谋取私利。

（2）审计要点

① 审阅"应收账款""其他应收款"明细账记录。检查其中有无属个人长期拖欠的问题，如果有，再抽调会计凭证进行账证核实，从而证实是否存在挪用现金现象，必要时追踪被挪用现金的去向，向有关单位进行询证，予以确认。

② 盘点库存现金。对于白条抵库的现象，可通过盘点库存现金进行审查，若发现账实不符是由于白条抵库的原因，则进行复查，核对与调查有关会计资料，以查证是否有挪用公款现象。

二、库存现金审计案例

案例一

1. 发现疑点

审计人员在审查某单位的"库存现金"日记账时，发现该单位9月15日109#"现付"字凭证"摘要"栏注明"付拆除一号生产线劳务费"，金额为1 000元，但在库存现金日记账和银行存款日记账中却没有发现相应的清理收入。审计人员怀疑该单位可能将固定资产的清理收入转入了"小金库"。

2. 跟踪查证

根据上述疑点,审计人员进行了以下工作。

① 调出 109# "现付"字记账凭证,其原始凭证为一张经领导批准的"支付给李某的一号生产线拆除费1 000元"的纸条,其会计分录为

借:管理费用——拆除费　　　　　　　　　　　　　　　　1 000
　　贷:库存现金　　　　　　　　　　　　　　　　　　　　　　　1 000

② 审计人员进一步审查"固定资产"明细账,发现9月18日"转"字26#凭证的"摘要"栏注明"报废一号生产线",金额为160 000元,该凭证的会计分录为

借:累计折旧　　　　　　　　　　　　　　　　　　　　　80 000
　　营业外支出　　　　　　　　　　　　　　　　　　　　80 000
　　贷:固定资产——一号生产线　　　　　　　　　　　　　　160 000

③ 审计人员利用分析法,分析报废一台价值160 000元且五成新的生产线,必定有清理收入,但相关的账务处理并没有显示出来。审计人员决定进一步跟踪调查。

④ 审计人员利用询问法,调查该设备的保管员。保管员供认该项设备已运往郊区的某乡镇企业。审计人员与该乡镇企业核实,得知该设备是该乡镇企业9月18日以90 000元银行存款从被审计单位购入的,并有该单位领导赵某的纸条收据。

3. 问题

① 该单位以报废固定资产为名,将出售固定资产的收入存入了"小金库"。
② 在账务处理时,不通过"固定资产清理"账户,以掩人耳目。

4. 调账

该单位在交付清理费用和收到清理收入时,应当进行调账。

① 支付拆除费的调整分录如下:

借:固定资产清理　　　　　　　　　　　　　　　　　　　1 000
　　贷:管理费用——拆除费　　　　　　　　　　　　　　　　　1 000

② 收到清理收入时的会计分录如下:

借:银行存款　　　　　　　　　　　　　　　　　　　　　90 000
　　贷:固定资产清理　　　　　　　　　　　　　　　　　　　　90 000

③ 调整营业外收支的分录如下。

调整固定资产价值:

借:固定资产清理　　　　　　　　　　　　　　　　　　　80 000
　　贷:营业外支出　　　　　　　　　　　　　　　　　　　　80 000

结转清理结果:

借:固定资产清理　　　　　　　　　　　　　　　　　　　9 000
　　贷:营业外收入　　　　　　　　　　　　　　　　　　　　9 000

案例二

1. 发现疑点

审计小组在审计某公司 2017 年度财务报表时，发现该公司 10 月 4—20 日库存现金日记账每日余额均超过 40 000 元，而 21 日余额下降至 128.47 元。这一现象引起了审计人员的关注：被审计单位为什么长时间持有超出库存现金限额（被审计单位的库存现金限额为 4 000 元）的现金？10 月 21 日该公司的库存现金为什么突然下降至 128.47 元？审计人员以此作为线索，进行了详细审查。

2. 跟踪查证

① 审计人员首先审阅了该公司 2017 年的库存现金日记账，发现该公司 10 月 4 日有几笔现金增加的业务内容，第一笔是收取某出差人员报销差旅费时退回的借款结余，计 382.80 元；另一笔是报销车票回款 129.20 元，第三笔是提取现金，金额为 45 683 元，第三笔业务分录为

借：库存现金　　　　　　　　　　　　　　　　　　　　　45 683
　　贷：银行存款　　　　　　　　　　　　　　　　　　　　　　　45 683

随后，审计人员又审阅了该公司 2017 年 10 月 21 日 "库存现金" 日记账中现金减少的几笔业务，共有 4 笔，其中 3 笔是报销职工医药费，共计 268.76 元；另一笔会计分录如下：

借：银行存款　　　　　　　　　　　　　　　　　　　　　46 035.43
　　贷：库存现金　　　　　　　　　　　　　　　　　　　　　　45 683
　　　　其他应付款　　　　　　　　　　　　　　　　　　　　　352.43

② 审计人员审阅了记账凭证所附的原始凭证——付款委托书，该委托书反映的是某单位给该公司的货款，金额为 46 035.43 元。审计人员检查 "应收账款" 明细账记录，并没有发现上述应收账款的记录，应作如下销售业务的账务处理：

借：银行存款　　　　　　　　　　　　　　　　　　　　　46 035.43
　　贷：主营业务收入　　　　　　　　　　　　　　　　　　　39 346.52
　　　　应交税费——应交增值税（销项税额）　　　　　　　　6 688.91

很明显，被审计公司截留了销售收入。这种账务处理将销售收入一部分截留在 "其他应付款" 账户中，其中大部分直接冲减了现金，但减少现金又没有附原始凭证，因而无法直接了解其去向。

③ 审计人员联想到该公司 10 月 4 日提取的现金 45 683 元与本笔冲减的现金金额相同。审计人员根据这一线索和掌握的情况，找到被审计单位经办人，经办人声称是替某单位套取现金，但审计人员问起为何先付现金而隔半个月才收到对方通过银行划转的款项，且又无支付现金的原始凭证时，该经办人员无言以对。经办人怕承担责任，只好说找财务科长和经理来说清楚。最终，他们不得不说明真相。

3. 问题

该公司由于经营不善，已有 2 个月未发奖金，10 月 4 日提取现金给本单位职工发放

奖金，共 668 人。对这笔支出，该公司未及时入账，致使"库存现金"日记账上显示的现金余额大大超过库存现金余额（账实不符），直至 10 月 20 日收到某客户支付的银行存款货款。会计人员人员记录银行存款增加 46 035.43 元（货款），记录库存现金减少 45 683（发放奖金），352.43 元差额计入"其他应付款"账户，实现库存现金日记账"账实相符"，即采用了"两头不见面、收支不入账"的手法，达到截留收入、私分货款、偷漏税款的目的。

4. 调账

借：其他应付款　　　　　　　　　　　　　　　　352.43
　　管理费用　　　　　　　　　　　　　　　　　45 683
　　贷：主营业务收入　　　　　　　　　　　　　　39 346.52
　　　　应交税费——应交增值税（销项税额）　　　 6 688.91

案例三

1. 发现疑点

审计人员在审查某单位 2017 年库存现金日记账时，发现该单位 8 月份只有 10 元劳务收入，而 1—7 月，每天都有正常的劳务费收入，该收入为外单位装油费，每天金额为 60—200 元不等。经了解，该单位为一成品油加工厂，每天销售汽油 50 吨左右，约 5 车，每车装车费为 60 元。而 8 月份该厂生产销售情况正常，审计人员怀疑该厂截留了劳务费收入。

2. 跟踪查证

① 审计人员详细查阅了该单位 8 月份的所有劳务费收入凭证，发现除 10 天外，其余 21 天收入都未开具收据。

② 审计人员根据上述现象初步断定该单位将其装车费收入存入了"小金库"。

③ 审计人员利用掌握的线索和情况询问该单位财务人员，迫于压力，该厂承认了撕毁收据，截留劳务费收入 21 天共 6 000 元，存入了"小金库"，并将其用于给职工发奖金。

3. 问题

该厂监控制度不健全，撕毁收据凭证，截留劳务收入，私设"小金库"并用作不合理开支。

4. 调账

借：库存现金　　　　　　　　　　　　　　　　　6 000
　　贷：其他业务收入　　　　　　　　　　　　　　 6 000

第二节　银行存款审计

一、银行存款核算的常见错弊及审计要点

1. 出租出借账户

（1）表现形式

单位有关人员与外单位人员相互勾结，借用本单位银行账户转移资金或套购物资，并将其占为己有；或通过向外单位或个人出借账户而收取好处费。一般是外单位先将款项汇入本单位账户，再从本单位账户上套取现金或转入其他单位账户。

（2）审计要点

① 核对银行对账单和银行存款日记账。如果发现银行对账单有一收一付的账簿记录，而银行存款日记账却无对应记录，则应进一步查明是否有出租、出借账户的现象。

② 审阅银行存款日记账中的摘要及余额记录。分析有无不正常收款业务内容或模糊不清的摘要记录，如有，应进行账证核对，了解付款单位与被审计单位关系，有无可能发生业务关系，然后在调查付款单位的基础上审查银行存款减少业务。

2. 假存或少存多记

（1）表现形式

财务人员将销售款贪污后，为使银行存款日记账余额与银行对账单余额相符，在账上仍作银行存款和主营业务收入同时增加的处理。

（2）审计要点

审计人员核对银行存款日记账与银行对账单，审查销售业务的记账凭证与原始凭证，然后再追踪调查。

3. 张冠李戴、贪污收入

（1）表现形式

① 将销售收入款暂计入"其他应付款"或"应付账款"账户，伺机将其贪污。

② 对已收到的销货款不计入"银行存款"账户，却挂在"应收账款"账户，日后将应收账款转为坏账。

（2）审计要点

① 检查往来账户，如"应收账款""其他应收款""应付账款""其他应付款"等明细账，调查与对方单位业务往来是否属实。

② 抽查坏账损失核销业务，检查是否存在对已收到欠款实施贪污的行为。

4. 开立"黑户"，截留存款

（1）表现形式

"黑户"是指企业除正常使用的"银行存款"账户之外，在银行开立的主要是用于收付

非法款项或者作为企业"小金库"或虚列销货退回款的账户。

（2）审计要点

① 核对企业的"主营业务收入"明细账与"库存商品"明细账，检查其是否有发出商品而长期未收货款的情况。

② 审查有无假退货。通过检查销售收入明细账，确定是否存在退货业务。如果存在，与对方联系，确定相关余额；如无，则查明退货款的存入账户是否为企业"黑户"。如果发现疑点应与供货方联系，查证款项的去向。

二、银行存款审计案例

案例一

1. 发现疑点

审计人员在审查某公司 2017 年银行存款日记账时发现，该公司 6 月 14 日 9#收款凭证的摘要记录是"存入暂存款"，金额为 190 000 元；6 月 20 日、21 日和 25 日凭证的编号分别为 20#、25#和 28#，其"摘要"栏均注明"提现"，金额分别为 100 000 元、50 000 元、40 000 元。该公司连续 3 次提款且金额合计与 9#收款凭证金额相同，审计人员怀疑有问题。

2. 追踪查证

审计人员调阅了 9#收款凭证，其会计分录为

借：银行存款　　　　　　　　　　　　　　　　　　　190 000
　　贷：其他应付款——A 单位　　　　　　　　　　　　　　190 000

所附的原始凭证仅有一张进账单。审计人员查阅该公司库存现金日记账发现 6 月 30 日 40#付款凭证摘要为"支付暂付款"，金额为 190 000 元。该公司其会计分录为

借：其他应付款——A 单位　　　　　　　　　　　　　190 000
　　贷：库存现金　　　　　　　　　　　　　　　　　　　　190 000

其原始凭证为 A 单位打出的白条收据。审计人员进而查阅 A 单位的账簿记录，没有发现 190 000 元的收入记录。在 A 单位领导的支持下，审计人员查阅了有关"商品销售"明细账，发现 A 单位在 6 月 13 日售出商品一批，其价款为 190 000 元。审计人员与其购货方联系，核定已付款；与其开户银行联系，得知款项已划到被审计单位存款账户（非 A 单位存款账户）。

3. 问题

被审计单位会计和出纳人员为了获得好处费，合伙将自己的账户出借给 A 单位，非法套取现金 190 000 元。

4. 调账

由于被审计单位出借账户，但其收入属于 A 单位，不需要作调整分录，被审计单位只作对该单位会计和出纳的罚款分录：

```
借：库存现金
    贷：营业外收入
```

案例二

1. 发现疑点

审计人员在审查 A 公司的 2017 年"银行存款"日记账时发现，8 月 20 日 38#付款凭证摘要内容为"退货款"，金额为 175 500 元，结算方式为委托收款。该笔货款入账时间为 8 月 15 日（收款凭证为 20#），在 4 天之内发生退货。审计人员怀疑有假退款行为。

2. 追踪查证

① 审计人员首先调阅 20#凭证，其会计分录为

```
借：银行存款                                        175 500
    贷：主营业务收入                                  150 000
        应交税费——应交增值税（销项税额）              25 500
```

所附原始凭证为银行转来的收账通知，付款单位为广州某厂。审计人员调阅 38#凭证，发现其分录为

```
借：主营业务收入                                    150 000
    应交税费——应交增值税（销项税额）                  25 500
    贷：银行存款                                    175 500
```

所附原始凭证两张，一张是 A 公司业务部门开出的退货发票，即红字发票；另一张是 A 公司财会部门开出的转账支票，收款人为广州某厂本市代理处。

② 审计人员提出疑问：A 公司从广州某厂收款，为何把退款转到广州某厂本市代理处（未转到广州该厂正常存款账户）？于是决定进行追查。银行证实，该款项转到该本市代理处账户，但该本市代理处根本不存在。审计人员与广州某厂取得电话联系，发现该厂根本未发生退货业务。

③ 审计人员采用询问法进行调查，在全部取证后，A 公司财务科长供认广州某厂本市代理处账户是该公司李某利用同银行工作人员的关系开设的，存入部分收入，作发放奖金和支付回扣等使用。本市代理处账户余额 150 000 元全部为本公司所有。

3. 问题

A 公司利用银行管理漏洞，开设黑户，隐瞒收入，存入"小金库"或私分，逃避税收。

4. 调账

A 公司开设"黑户"的全部收入属于企业的营业收入，应收回款项并撤销所谓的广州某厂本市代理处账户，收回余额 150 000 元时，应作分录如下：

```
借：银行存款                                        175 500
    贷：主营业务收入                                  150 000
        应交税费——应交增值税（销项税额）              25 500
```

案例三

1. 发现疑点

审计人员审查甲企业 2017 年 9 月 6 日银行存款日记账时发现缺少 9 月份的对账单，于是到银行复印一份，核对发现 9 月 6 日的一笔 2 925 元的银行存款收入未入账，审计人员怀疑有贪污行为。

2. 追踪查证

审计人员将审查日的银行存款日记账的账面余额与银行对账单进行调整，验证了银行存款日记账余额和银行对账单余额相符。后又将甲企业银行存款日记账与对账单进行逐笔核对，详细审查 9 月份银行存款日记账，发现该企业在 9 月 7 日开出一张现金支票，提出现金 2 925 元未入账。

审计人员又采用询问法，针对上述这一收一付金额相符但均未入账的疑点，对企业会计人员刘某进行询问。刘某如实交代了犯罪事实。

3. 问题

甲企业购入金额 58 500 元的原材料，用汇票结算，收到货后，根据 A 公司出具的发票作了如下账务处理：

借：原材料　　　　　　　　　　　　　　　　　　　　　　50 000
　　应交税费——应交增值税（进项税费）　　　　　　　　 8 500
　贷：银行存款　　　　　　　　　　　　　　　　　　　　58 500

但为促销，A 公司按购价 5%的折扣，退给甲企业（被审计单位）折扣 2 925 元。会计刘某收到该款后，认为有机可乘，欲侵吞此折扣款，于是将银行汇款单及相关单据毁掉，并于次日开出现金支票将此款支出，装入个人口袋。月末，将 9 月份银行对账单销毁，以逃避检查。

4. 调账

借：其他应收款　　　　　　　　　　　　　　　　　　　　2 925
　贷：财务费用　　　　　　　　　　　　　　　　　　　　2 925

第二部分 审计实务综合实训

第二部分 自然地理

第七章

审计调整分录的编制

第一节 编制审计调整分录的基本方法

在审计测试中一般要求掌握审计调整分录的编制，调整直接针对存在错报的财务报表项目，也就是错报所造成的最后结果，审计调整分录不受会计规范的约束（不针对经济业务的处理过程），一般采用分析的方法确定调整分录的借贷双方，多计什么就相应地减少什么，相反少计就增加。其基本思路如下：

1）列出被审计单位对该业务的错误分录。
2）根据《企业会计准则》或相关会计制度列出正确的会计分录。
3）比较1）中和2）中的两个分录。将错误分录中的多余科目与金额反向冲销，将正确分录中多余科目与金额同向补记，得到初步的调整分录。
4）将调整分录中的科目换为财务报表项目。

也可以使用低级的办法：作与1）相反的分录，再写2）的分录。

一般使用财务报表的项目名称作为审计调整分录的科目。在实务中，因为一个报表项目通常有多笔错报，为了清晰辨别，在工作底稿中一般都需要列明明细科目。例如，"存货"科目，在工作底稿中就需要区分"原材料""生产成本"等项目。对于各种准备金的错报在过入财务报表时应该填入对应的报表项目，可用财务报表项目作一级科目，相应会计科目作明细科目，如"资产减值损失——坏账准备""应收账款——坏账准备"等科目。

对于以前年度发生的损益调整事项，注册会计师直接将其对财务报表的影响计入"年初未分配利润"科目，也可计入"利润分配——未分配利润"或"未分配利润"科目。

重分类误差是指会计核算没有错报，只是编制财务报表的项目分类不符合相关会计制度的规定，如未将一年内到期的长期借款归入流动负债类的"一年内到期的非流动负债"项下列示。对于此类误差，因为不要求被审计单位调整账簿，而是直接调整财务报表，所以注册会计师应建议调整财务报表项目。

案例

2017年4月，被审计单位购入一台行政管理办公用设备，价值24 000元（含税），其预计使用年限为4年，预计净残值为0元，该企业采用年限平均法计提折旧。审计人员在审计2017年度的财务报告时发现，摊销该办公设备的价值12 000元到管理费用，该办公设备的相关"待摊费用"账户余额为 12 000 元。

要求：①分析该业务的影响；②编制审计调整分录。

1. 分析存在问题

该办公设备为固定资产，不应作为低值易耗品，采用分期摊销法，摊销其价值。应计提折旧=24 000÷4÷12×8=4 000（元），多计管理费用=12 000-4 000=8 000（元），导致少计利润 8 000 元。

2. 编制审计调整分录

1）根据题意，列出被审计单位的分录。

① 借：低值易耗品　　　　　　　　　　　　　　　　24 000
　　　贷：银行存款　　　　　　　　　　　　　　　　　　24 000
② 借：待摊费用　　　　　　　　　　　　　　　　　240 00
　　　贷：低值易耗品　　　　　　　　　　　　　　　　　240 00
　借：管理费用　　　　　　　　　　　　　　　　　12 000
　　　贷：待摊费用　　　　　　　　　　　　　　　　　　12 000

2）根据《企业会计准则》或相关会计制度，写出正确分录。

① 借：固定资产　　　　　　　　　　　　　　　　　24 000
　　　贷：银行存款　　　　　　　　　　　　　　　　　　24 000
② 借：管理费用　　　　　　　　　　　　　　　　　4 000
　　　贷：累计折旧　　　　　　　　　　　　　　　　　　4 000

3）比较分析1）和2）中的分录，确定哪些账户多计，哪些账户少计。发现多计了管理费用 8 000 元、低值易耗品 12 000 元，少计固定资产 24 000 元、累计折旧 4 000 元，写出初步调整分录。

　借：固定资产　　　　　　　　　　　　　　　　　24 000
　　　贷：累计折旧　　　　　　　　　　　　　　　　　　4 000
　　　　　管理费用　　　　　　　　　　　　　　　　　　8 000
　　　　　低值易耗品　　　　　　　　　　　　　　　　12 000

4）更换会计账户名称为财务报表项目名称，写出审计调整分录。

　借：固定资产　　　　　　　　　　　　　　　　　24 000
　　　贷：固定资产——累计折旧　　　　　　　　　　　4 000
　　　　　管理费用　　　　　　　　　　　　　　　　　　8 000
　　　　　存货—低值易耗品　　　　　　　　　　　　12 000

第二节　审计调整分录编制举例

一、普通业务举例

大华会计师事务所注册会计师对 ABC 公司 2017 年的财务报表进行审计时发现如下问

题，如需调整，代注册会计师编制调整分录。

> **案例一**
>
> 出租固定资产收入 100 000 元，挂在其他应付款中未作处理。
> ① 根据题意，列出被审计单位所列的分录：
> 借：银行存款　　　　　　　　　　　　　　　　　　　100 000
> 　　贷：其他应付款　　　　　　　　　　　　　　　　　　100 000
> ② 根据《企业会计准则》或相关会计制度，写出正确分录。
> 借：银行存款　　　　　　　　　　　　　　　　　　　100 000
> 　　贷：其他业务收入　　　　　　　　　　　　　　　　　100 000
> ③ 比较分析哪些账户多计，哪些账户少计。发现多计了其他应付款，少计了其他业务收入，写出初步调整分录。
> 借：其他应付款　　　　　　　　　　　　　　　　　　100 000
> 　　贷：营业收入——其他业务收入　　　　　　　　　　　100 000
> ④ 在初步调整分录中，会计账户名称与财务报表项目名称相同，不需要更换名称。

> **案例二**
>
> 以经营性租赁方式租入设备 2 台，共计提折旧 150 000 元，已列入了制造费用。
> ① 根据题意，列出被审计单位所列的分录：
> 借：制造费用　　　　　　　　　　　　　　　　　　　150 000
> 　　贷：累计折旧　　　　　　　　　　　　　　　　　　　150 000
> ② 根据《企业会计准则》或相关会计制度，写出正确分录。经营性租入设备不应提折旧，不写计提折旧分录。
> ③ 多计了制造费用，多计折旧，写出初步调整分录。
> 借：累计折旧　　　　　　　　　　　　　　　　　　　150 000
> 　　贷：制造费用　　　　　　　　　　　　　　　　　　　150 000
> ④ 更换会计账户名称为财务报表项目名称，写出审计调整分录。
> 借：固定资产——累计折旧　　　　　　　　　　　　　150 000
> 　　贷：存货——制造费用　　　　　　　　　　　　　　　150 000

> **案例三**
>
> 2017 年 9 月 25 日账簿记录如下：
> 借：管理费用　　　　　　　　　　　　　　　　　　　120 000
> 　　贷：银行存款　　　　　　　　　　　　　　　　　　　120 000
> 注册会计师审查其合同，发现这是支付 2017 年 9 月—2018 年 8 月房屋租金的业务记录。
> ① 根据题意，列出被审计单位的分录：
> 借：管理费用　　　　　　　　　　　　　　　　　　　120 000
> 　　贷：银行存款　　　　　　　　　　　　　　　　　　　120 000

② 根据《企业会计准则》或相关会计制度，写出正确分录。

由于支付的房租是2017年9月—2018年8月的，2017年应承担4个月的房租，其余的应由2018年承担。

　　借：管理费用　　　　　　　　　　　　　　　　　　　40 000
　　　　待摊费用　　　　　　　　　　　　　　　　　　　80 000
　　　　贷：银行存款　　　　　　　　　　　　　　　　　　　　　120 000

③ 比较分析上述分录，得出初步调整分录：

　　借：待摊费用　　　　　　　　　　　　　　　　　　　80 000
　　　　贷：管理费用　　　　　　　　　　　　　　　　　　　　　80 000

④ 上述调整分录的账户名称与财务报表项目名称相同，不再换名。

案例四

2018年1月20日账簿有如下记录：

　　借：固定资产　　　　　　　　　　　　　　　　　　　400 000
　　　　贷：应付账款　　　　　　　　　　　　　　　　　　　　　400 000

注册会计师审查相关资料，确认该业务系2017年12月3日购入汽车2辆，2017年12月10日投入营运（汽车折旧政策是按5年平均摊销，不考虑残值。）

由于该固定资产系2017年购入并使用的，因此该单位2017年的报表少计了固定资产和负债，注册会计师应建议调整2017年报表，具体如下：

　　借：固定资产　　　　　　　　　　　　　　　　　　　400 000
　　　　贷：应付账款　　　　　　　　　　　　　　　　　　　　　400 000

由于当月增加的固定资产不提折旧，因此，该项固定资产在2017年不需提取折旧费。

要注意的是，企业在2017年已将该资产和相应的负债入账（已补充入账），2018年的账簿可不作调整，提取相应的折旧即可。

二、特定业务举例

（一）往来账项的调整

往来账项的调整包括"应付账款"明细账中的借方余额、"预收账款"明细账中的借方余额、"应收账款"明细账中的贷方余额、"预付账款"明细账中的贷方余额的重分类调整等。如果应收账款出现增减，应同时调整坏账准备。

1）将"应付账款"明细账中的借方余额部分通过财务报表重新分类调整至预付账款财务报表项目：

　　借：预付账款——b公司
　　　　贷：应付账款——b公司

2）将"预收账款"明细账中的借方余额部分通过财务报表重分类调整至应收账款财务报表项目：

　　借：应收账款——h公司

贷：预收账款——h公司
补提坏账准备：
　　借：资产减值损失——坏账损失
　　　　贷：应收账款——坏账准备
3）对已无望再收到货物的预付账款，应调整为其他应收款，同时应计提坏账准备：
　　借：其他应收款——c公司
　　　　贷：预付账款——c公司
　　借：资产减值损失——计提的坏账准备
　　　　贷：其他应收款——坏账准备
4）对确实无法支付的应付账款，直接转入营业外收入：
　　借：应付账款——无法支付的应付款项
　　　　贷：营业外收入

（二）存货盘亏应区分不同原因调整

一般经营损失计入管理费用；非常损失计入营业外支出；相关人员应承担的赔偿计入其他应收款，同时应计提坏账准备。具体分录为
　　借：营业外支出——非常损失
　　　　管理费用——物料消耗
　　　　其他应收款——××
　　　　贷：存货
　　借：资产减值损失
　　　　贷：其他应收款——坏账准备

（三）担保涉及诉讼赔偿的正确处理

1）预计负债的会计处理：
　　借：管理费用——诉讼费
　　　　营业外支出　　　　（赔偿金额）
　　　　贷：预计负债
2）法院判决应赔偿对方损失：
　　借：预计负债
　　　　营业外支出
　　　　贷：其他应付款
3. 如果未预计负债，法院判决应赔偿对方损失的会计处理：
　　借：营业外支出——赔款损失
　　　　贷：其他应付款——××

（四）利润调整后的所得税费用和利润分配

　　借：应交税费——应交所得税
　　　　贷：所得税费用

借：利润分配——提取法定盈余公积
　　贷：盈余公积——法定盈余公积

分配股利的决议及资本公积转增资本业务属于资产负债表日后非调整业务，不应调整财务报表。

（五）收入确认的跨年连续审计调整举例

案例五

Y 公司计提坏账准备的比例为：账龄一年内的计提比例为 10%，账龄 1—2 年的计提比例为 30%。A 和 B 注册会计师在审计 Y 公司 2016 年度财务报表时，通过实施销售的截止测试，发现 Y 公司 2017 年 1 月"主营业务收入"和"主营业务成本"明细账上记载的一批甲产品的销售业务，在 2016 年 12 月已符合销售收入确认条件，因此按有关规定建议作如下审计调整分录（金额单位为万元）：

借：应收账款　　　　　　　　　　　　　　　　　　　　　　1 170
　　贷：营业收入——主营业务收入　　　　　　　　　　　　　1 000
　　　　应交税费——应交增值税（销项税额）　　　　　　　　　170

同时结转相应的主营业务成本：
　　借：营业成本——主营业务成本　　　　　　　　　　　　　900
　　　　贷：存货—甲产成品　　　　　　　　　　　　　　　　　900

补提相应的坏账准备：
　　借：资产减值损失——计提的坏账准备　　　　　　　　　　117
　　　　贷：应收账款——坏账准备　　　　　　　　　　　　　　117

Y 公司接受审计调整建议，对 2016 年度财务报表予以调整，但未对 2016 年度和 2017 年度的相关会计记录进行调整。该笔应收账款在 2017 年 12 月 31 日尚未收回。要求：编制针对 2017 年度的审计调整分录（金额单位为万元）。

2017 年错误分录如下：
① 借：应收账款　　　　　　　　　　　　　　　　　　　　　1 170
　　　贷：主营业务收入　　　　　　　　　　　　　　　　　　1 000
　　　　　应交税费——应交增值税（销项税额）　　　　　　　　170
② 借：主营业务成本　　　　　　　　　　　　　　　　　　　900
　　　贷：库存商品　　　　　　　　　　　　　　　　　　　　900
③ 借：资产减值损失——计提的坏账准备　　　　　　　　　　117
　　　贷：坏账准备　　　　　　　　　　　　　　　　　　　　117

2017 年正确分录如下：
① 借：应收账款　　　　　　　　　　　　　　　　　　　　　1 170
　　　贷：年初未分配利润　　　　　　　　　　　　　　　　　1 000
　　　　　应交税费——应交增值税（销项税额）　　　　　　　　170
② 借：年初未分配利润　　　　　　　　　　　　　　　　　　900
　　　贷：库存商品　　　　　　　　　　　　　　　　　　　　900

③ 借：年初未分配利润 117
　　贷：坏账准备 117

在①和②和③中补充记录2016年少计销售业务，在③中补充记录2016年少计计提坏账准备业务，但因已经跨年度，以"年初未分配利润"代替"主营业务收入""主营业务成本"和"资产减值损失"，具体如下

④ 借：资产减值损失 234
　　贷：坏账准备 234

在比较分析错误分录和正确分录的基础上，A和B注册会计师针对计Y公司2017年度财务报表编制如下审计调整分录：

① 调整销售业务：

借：营业收入——主营业务收入 1 000
　　贷：营业成本——主营业务成本 900
　　　　年初未分配利润 100

这里使用"年初未分配利润"账户或"利润分配——未分配利润"账户皆可。

② 调整计提坏账准备业务：

借：年初未分配利润 117
　　资产减值损失——计提的坏账准备 117
　　贷：应收账款——坏账准备 234

注：调整了上年年末的报表余额但未调整账簿记录时，也应对应地调整次年的相应报表余额。

第八章

审计综合实训

实 训 一

1．注册会计师 2018 年 2 月 25 日审查 ABC 公司 2017 年 12 月份"银行存款"日记账时，发现 12 月 20 日"摘要"栏中注明"预收某产品货款"，金额为 351 000 元。查阅相应的凭证，发现其会计分录为

  借：银行存款   351 000
    贷：主营业务收入   300 000
      应交税费——应交增值税（销项税额）   51 000

该凭证所附的原始凭证仅一张信汇收账通知，无发票记账联。注册会计师询问当事人并调阅有关销售合同，发现该款项为预收某单位产品预购款，产品交货时间为 2018 年 1 月 5 日。

  要求：分析存在的问题，提出处理意见，并编制审计调整分录。

2．注册会计师在 2017 年 3 月 1 日审查 ABC 公司 2016 年 12 月"材料采购"明细账时发现甲材料采购成本包括以下费用：①因延迟付款而支付的违约金 2 000 元；②采购人员差旅费 2 500 元；③买价和运杂费 15 000 元；④运输途中的合理损耗 2 000 元。经审查，ABC 公司对存货采用先进先出法计价，甲材料 12 月初结存 200 件，12 月生产领用 150 件，12 月购入材料的成本对 12 月发出材料的计价不产生影响。

  要求：分析存在的问题，提出处理意见，并编制审计调整分录。

实 训 二

1．2017 年 12 月 31 日下班后，注册会计师参加对 D 公司库存现金的清查盘点工作。清查结果如下：

1）库存现金日记账截至 12 月 31 日的账面余额为 21 925.41 元。

2）实际盘存库存现金仅为 19 226.06 元。发现库存现金日记账中夹有一张职工借据，金额为 2 560 元。

3）发现保险柜中有 12 月 1 日收到销售产品的转账支票一张，计价 7 500 元。

4）发现保险柜中有待领工资 215 元，单独封包。

银行核定库存现金限额 10 000 元。

要求：指出 D 公司现金管理中存在的主要问题，并提出改进意见。

2. XYZ 会计师事务所的 X 和 Y 注册会计师负责对 W 公司 2017 年度财务报表进行审计，确定财务报表层次的重要水平为 1 200 000 元。W 公司 2017 年财务报告于 2018 年 3 月 25 日获董事会批准，并于同日报送证券交易所。其他相关资料如下。

资料 1：W 公司未经审计的 2017 年度财务报表部分项目如表 8-1 所示。

表 8-1　2017 年度财务报表部分项目表

项目	金额/万元	项目	金额/万元
资产总额	42 000	未分配利润	1 800
股本	15 000	营业收入	36 000
资本公积	8 000	利润总额	600
盈余公积	2 000	净利润	400

资料 2：在对 W 公司审计过程中，X 和 Y 注册会计师注意到以下事项：

1）2016 年 2 月，W 公司与某广告代理公司签订广告代理合同，委托该公司承办产品广告业务，采用机场广告牌方式。广告代理合同约定，机场广告牌费用为 14 400 000 元。展示时间为 2016 年 2 月—2018 年 1 月，共两年，若因故在展示期间中止广告，则代理方应退还中止广告期间所对应的广告费用。W 公司于 2016 年 2 月一次全额支付该项广告费用，并全额计入 2016 年度销售费用。X 和 Y 注册会计师在审计 W 公司 2016 年度财务报表时认为，应自 2016 年 2 月起的两年内平均分摊该项广告费用，提出借记"长期待摊费用"账户 7 800 000 元、贷记"销售费用"账户 7 800 000 元的审计调整建议。

W 公司调整了 2016 年度相关账户和该年度财务报表，但未调整 2017 年度相关账户和该年度财务报表。

2）W 公司于 2017 年 8 月取得了某外国上市公司 18%的股权（不能实施控制，也无重大影响），投资成本 8 000 000 元。在编制 2017 年 12 月 31 日资产负债表时，W 公司对该公司投资的账面价值按当日公允价值反映。2018 年 3 月 24 日，该外国上市公司所在地发生地震，其股票市场价值与 2017 年 12 月 31 日相比下挫 60%，从而导致 W 公司对该上市公司的股权投资遭受重大损失。

要求：

① 在资料 1 的基础上，如果不考虑审计重要性水平，针对资料 2 中事项 1 和事项 2，X 和 Y 注册会计师是否需要提出审计处理建议？若需提出审计调整建议，直接列示审计调整分录（审计调整分录均不考虑对 W 公司 2017 年度的税费、递延企业所得税资产和负债、期末结转损益及利润分配的影响，下同）。

② 在资料 1 的基础上，如果考虑审计重要性水平，假定 W 公司分别只存在资料 2 两个事项中的一个，并且拒绝接受 X 和 Y 注册会计师针对事项 1 和事项 2 提出的审计处理建议（如果有），在不考虑其他条件的前提下，指出 X 和 Y 注册会计师应当针对该两个独立存在的事项分别出具何种意见类型的审计报告。

实 训 三

1. Z公司适用的企业所得税税率为25%，法定盈余公积计提比例为10%。2018年1月20日，注册会计师对该公司2017年度"长期借款"明细账和借款合同进行审阅，发现该公司2017年10月1日因购买设备向银行借入资金1 000万元，借款期限为5年，年利率为6%，每年付息一次，到期一次性还本；该公司11月1日用银行借款和自筹资金一次性向供货单位支付1 200万元设备价款、运输费、安装费等，该设备12月31日达到预定可使用状态。注册会计师检查该笔借款2017年应计利息费用的记账凭证，发现其会计分录为

借：财务费用　　　　　　　　　　　　　　　　　　　　　　　　150 000
　　贷：应付利息　　　　　　　　　　　　　　　　　　　　　　　　　150 000

要求：分析存在的问题，提出处理意见，并编制审计调整分录。

2. XYZ会计师事务所正在准备接受B公司的委托审计其2017年度的财务报表。B公司以前年度财务报表是由DEF会计师事务所审计的，并对2016年的财务报表出具了带强调事项段的无保留意见。在接受委托之前，主管此项业务的XYZ会计师事务所合伙人X注册会计师经B公司的允许与DEF会计师事务所进行了沟通。以下是X注册会计师了解到的一些主要信息：

1）B公司是一家集团公司，有多个子公司从事药品生产，同时也投资房地产、服装、酒店、软件等产业。

2）日益激烈的竞争和我国对药品市场的管制，使B公司承受变现能力和盈利能力恶化的压力。

3）B公司的管理层最大限度地"挤压利润"，竭尽全力地使报告的收入和每股收益最大化。在2016年度，经B公司同意，收入被DEF会计师事务所的注册会计师调减了1 200万元，占原报告收入的30%。

4）B公司董事会中缺少审计委员会，致使审计人员的工作开展得比较困难。

5）B公司大多数交易采用计算机管理系统进行核算，核算系统内部控制政策和程序是比较健全的，但对存货的控制很差，最近实现的电算化系统中的永续盘存记录并不是很准确。而且，该公司没有内部审计人员，银行账户也没有定期调整。

6）B公司2016年度财务报表附注中提到了一起由该公司药物使用者提起的诉讼，该药物被检查发现有可能导致癌症。DEF会计师事务所在B公司2016年度审计报告中增加了一个强调事项段，表示了对B公司持续经营能力的怀疑。

7）B公司2014—2016年3年的收入水平持续下降，但2017年度未经审计的收入比2016年有大幅上升。

要求：①评估B公司的财务报表层次重大错报风险水平（高、中、低），并说明理由；②指出B公司认定层次的重大错报风险集中的领域。

实 训 四

1. 会计师事务所的注册会计师正在对 B 公司 2017 年度财务报表进行审计。该公司 2017 年度未发生并购、分立和债务重组行为，供产销形势与上年相当。在对"应收账款"项目进行检查时，了解到 B 公司按期末应收账款余额的 0.5%计提坏账准备。同时发现下列情况：年应收账款年末余额 16 553 万元（表 8-2），2017 年"坏账准备——应收账款"账户年末余额为 52.77 万元。

表 8-2 应收账款账龄分析表

单位：万元

账龄	年初数	年末数
1 年以内	8 392	10 915
1 到 2 年	1 186	1 399
2 到 3 年	1 161	1 165
3 年以上	1 421	2 874
合计	12 160	16 553

要求：假定表 8-2 中的年初数和上年比较数均已审定无误，运用职业判断指出上述中存在或可能存在的不合理之处。

2. 2018 年 1 月 30 日，注册会计师在审计 C 公司 2017 年度财务报表时，检查了该公司 2017 年 12 月份应交增值税有关会计资料，发现一张可疑记账凭证，该凭证"摘要"栏记录为"购甲材料"，其会计分录为

借：原材料——甲材料　　　　　　　　　　　　　　　1 010 300
　　应交税费——应交增值税（进项税额）　　　　　　　170 700
　　管理费用——装卸费　　　　　　　　　　　　　　　　2 000
　贷：银行存款　　　　　　　　　　　　　　　　　　　1 183 000

经检查，该记账凭证所附的 5 张原始凭证分别是：①购货发票一张，注明货款 100 000 元，增值税税额为 170 000 元；②运费发票一张，金额为 10 000 元；③装卸费发票一张，金额 2 000 元；④采购人员差旅费报销单一张，金额为 1 000 元；⑤支票存根数张，合计金额 1 183 000 元。经了解，该公司采用实际成本法核算材料，发出材料成本采用个别计价法确定，12 月尚未领用该批材料。

要求：分析存在的问题，提出处理意见，并编制审计调整分录。

实 训 五

1. 2018 年 1 月 14 日，注册会计师对 C 公司甲材料进行审计。该公司 2017 年 12 月 31 日甲材料账面结存数为 32 000 千克，2018 年 1 月 14 日注册会计师实施了监盘程序，甲材料

盘点数为 42 000 千克。注册会计师审阅、核对了该公司 1 月 1 日—14 甲材料的入库单、领料单，证实入库数为 50 500 千克，出库数为 40 000 千克。

要求：运用调节法来证实甲材料 2017 年 12 月 31 日账面结存数是否正确。

2. 公司主要经营中小型机电类产品的生产和销售，采用手工会计系统，产品销售以 Y 公司仓库为交货地点。C 和 D 注册会计师负责审计 Y 公司 2017 年度财务报表，于 2017 年 12 月 1 日—12 月 15 日对 Y 公司的采购与付款循环、销售与收款循环的内部控制进行了解、测试与评价。

C 和 D 注册会计师在审计工作底稿中记录了所了解的有关采购与付款循环、销售与收款循环的控制程序，部分内容摘录如下：

1) 采购原材料须由请购部门编制请购单，采购部门审核请购单后发出预先连续编号的订购单。采购的原材料经采购人员验收后入库，仓库人员收到原材料后编制预先连续编号的入库单，并交采购人员签字确认。

2) 应付凭单部门核对供应商发票、入库单和订购单，并编制预先连续编号的付款凭单。会计部门在接到经应付凭单部门审核的上述单证和经审批的付款凭单后，登记原材料和"应付账款"明细账。月末，在与仓库核对连续编号的入库单和订购单后，应付凭单部门对相关原材料入库数量和采购成本进行汇总。应付凭单部门对已经验收入库但尚未收到供应商发票的原材料编制清单，会计部门据此将相关原材料暂估入账。

3) 销售的产品发出前，信用审核部门检查经授权的相关客户剩余赊销信用额度，并在销售部门编制的销售单上签字。在剩余赊销信用额度内的销售，由信用审核部门职员 E 审批；超过剩余赊销信用额度的销售，在职员 E 审批后，还需获得经授权的信用审核部门经理 F 的批准。

4) 仓库开具预先连续编号的发货单，并在销售的产品装运后，将相关副本分送开具账单部门、运输单位和顾客。开具账单部门审核发货单和销售单后开具销售发票，在保留副本后将相关单据送交会计部门职员 G 审核。会计部门职员 G 核对无误后登记"主营业务收入"明细账和"应收账款"明细账。

要求：针对第 1) 至 4) 项，假定不考虑其他条件，逐项判断 Y 公司上述控制程序在设计上是否存在缺陷。如果存在缺陷，请分别予以指出，并简要说明理由，提出改进建议。

实 训 六

1. 注册会计师对 B 公司 2017 年财务报表进行审计，确定报表层次的重要性水平为 15 万元。B 公司的总资产构成表 8-3 所示。

表 8-3 总资产构成

项目	金额/万元
货币资金	20
应收账款	300
存货	700

续表

项目	金额/万元
固定资产	800
无形资产	180
总计	2 000

要求：按各项资产占总资产的比例确定各报表项目的重要性水平，指出这种确定方法有无缺陷，并分析理由。

2. S 公司系上市公司，XYZ 会计师事务所的 A 和 B 注册会计师负责 S 公司 2017 年度财务报表的审计工作。在审计过程发现：Y 公司办公楼于 2008 年 12 月启用，其折旧年限为 20 年，估计残值率为 10%，采用年限平均法计提折旧。该办公楼 2017 年年初账面原价为 15 000 000 元，累计折旧为 5 400 000 元，固定资产减值准备为 150 000 元。2017 年 3 月至 8 月，Y 公司在继续使用该办公楼的同时，耗资 5 000 000 元对其实施更新改造。更新改造完成后的办公楼自 2017 年 9 月起全面投入使用，但并未延长其经济使用寿命，对原估计的残值率和原计提的减值准备也不产生影响。截至 2017 年 12 月 31 日，S 公司未审财务报表及附注反映该办公楼账面原价为 20 000 000 元，累计折旧为 6 175 000 元，减值准备余额为 1 500 000 元。

要求：分析存在的问题，提出审计处理建议，并编制审计调整分录。

实 训 七

1. 注册会计师对 F 公司 2017 年度财务报表进行审计，该公司适用的企业所得税税率为 25%，2017 年产销形势与上年相当，且未发生债务重组行为。F 公司 2017 年度未审利润表及 2016 年度已审利润表如表 8-4 所示。

表 8-4 利润表

编制单位：F 公司　　　　　　　　　　2017 年度　　　　　　　　　　单位：万元

项目	2017 年度（未审数）	2016 年度（已审数）
一、营业收入	33 670	24 068
减：营业成本	26 200	20 400
营业税金及附加	172	120
销售费用	162	16
管理费用	1 055	900
财务费用	320	280
资产减值损失	306	300
加：公允价值变动收益	65	64
投资收益	250	230
二、营业利润	5 770	2 346
加：营业外收入	99	80
减：营业外支出	95	90

续表

项目	2017年度（未审数）	2016年度（已审数）
三、利润总额	5 774	2 336
减：所得税费用	567.78	705.58
四、净利润	5 206.22	1 630.42

要求：为确定重点审计领域，注册会计师拟实施分析程序。对上述资料进行分析后，指出利润表中的重点审计领域，并简要说明理由。

2. XYZ 会计师事务所接受 E 公司委托，对该公司 2017 年度财务报表进行审计。该公司 2017 年 12 月 31 日"库存现金"日记账余额为 24 098.45 元，经审查与总账和报表数相符合。为了证实资产负债表日库存现金余额的真实性，注册会计师 A 和 B 于 2018 年 1 月 5 日下午 5 点对 E 公司的库存现金进行了监盘，盘点结果及有关资料如下：

1）库存现金（人民币）实有数为 24 301.90 元，其中：100 元 204 张，50 元 56 张，20 元 28 张，10 元 24 张，5 元 45 张，2 元 25 张，1 元 12 张，5 角 12 张，2 角 13 张，1 角 45 张，5 分 23 张，2 分 25 张，1 分 15 张。

2）盘点日已经办理收款手续尚未入账的收款凭证一张（85#），金额为 3 521.32 元。

3）盘点日已经办理付款手续尚未入账的付款凭证（89#），金额为 3 462.21 元。

4）2018 年 1 月 4 日"库存现金"日记账的账面余额为 24 242.90 元，2018 年 1 月 1 日至盘点日现金支出总额为 6 521.69 元，2018 年 1 月 1 日至盘点日现金收入总额为 6 725.25 元。

5）银行核定库存现金限额 30 000 元。

要求：编制库存现金盘点表，得出审计结论。

实 训 八

1. 会计事务所的 A 注册会计师负责审计甲公司 2017 年度财务报表。与货币资金审计相关的部分事项如下：

1）2018 年 1 月 5 日，A 注册会计师对甲公司库存现金实施了监盘，并与当日现金日记账余额核对一致，据此认可了年末现金余额。

2）A 注册会计师对甲公司人民币结算账户的完整性存有疑虑，A 注册会计师检查了管理层提供的已开立银行结算账户清单，结果满意。

3）A 注册会计师对甲公司存放于乙银行的银行存款以及与该银行往来的其他重要信息寄发了询证函，收到乙银行寄回的银行存款证明，其金额与甲公司账面余额一致，注册会计师认为函证结果满意。

4）甲公司利用销售经理个人银行账户结算货款，指派出纳保管该账户交易密码。A 注册会计师检查了该账户的交易记录和相关财务报表列报，获取了甲公司的书面声明，结果满意。

5）甲公司年末余额为零的社保专户重大错报风险很低，A 注册会计师核对了银行对账单，未对该账户实施函证，并在审计工作底稿中记录了不实施函证的理由。

6）为验证银行账户交易入账的完整性，A 注册会计师在检验银行对账单的真实性后，从中选取交易样本与银行存款日记账记录进行了核对,结果满意。

要求:针对上述 1)至 6)项,逐项指出 A 注册会计师的做法是否恰当。如不恰当,简要说明理由。

2. F 公司系 XYZ 会计师事务所的常年审计客户,适用的增值税税率为 17%。注册会计师在对 F 公司 2017 年度财务报表进行审计时,注意到以下事项:

F 公司会计政策规定:对应收款项采用账龄分析法计提坏账准备。根据债务单位的财务状况、现金流量等情况,确定坏账准备计提比例分别为:账龄 1 年以内的(含 1 年,以下类推),按其余额的 10%计提;账龄 1~2 年的,按其余额的 30%计提;账龄 2~3 年的,按其余额的 50%计提;账龄 3 年以上的,按其余额的 80%计提。F 公司 20××年 12 月 31 日未经审计的资产负债表应收账款金额为 45 564 100 元,"坏账准备—应收账款"明细账年末余额为 6 364 900 元。"应收账款"账户余额明细情况如表 8-5 所示。

表 8-5 "应收账款"账户余额明细表

单位:元

项目	1 年以内	1—2 年	2—3 年	3 年以上
应收账款——A 公司	35 150 000	500 000	932 000	
应收账款——B 公司	2 000 000	15 100 000	54 000	
应收账款——C 公司	600 000		25 000	
应收账款——D 公司	9 500 000	-12 000 000		
应收账款——E 公司				68 000
合计	47 250 000	3 600 000	1 011 000	68 000

要求:分析存在的问题,提出审计处理建议,并编制审计调整分录。

实 训 九

1. 假定 B 公司的发票的编号为 1 001—9 000,注册会计师拟采用系统抽样法选择其中 5%进行函证。

要求:①确定随机起点为 1 011 号,注册会计师选取的头 5 张发票的编号分别为多少?②若确定随机起点为 1 018 号,试写出所抽取的第 194、226、387 张发票的号码分别为多少?③若采用 1 011、1 025、1 043 三个随机起点,写出以 1 025 为起点的所选取的第 51 张发票的号码。

2. 注册会计师在对 P 公司 20×7 年度财务报表进行审计时,发现 P 公司 20×7 年 9 月 1 日支付价款 106 万元从二级市场购入 A 公司发行的股票 100 000 股,每股价格 10.60 元(含已宣告但尚未发放的现金股利 0.60 元),另支付交易费用 0.1 万元。P 公司作了如下会计处理:

借:交易性金融资产——成本   1 000 000

      应收股利   60 000

　　　　财务费用　　　　　　　　　　　　　　　　　　　　　　　1 000
　　　　贷：银行存款　　　　　　　　　　　　　　　　　　　　　1 061 000
　　注册会计师了解到该股票年末市场价格为每股 15 元，P 公司将持有的 A 公司股权划分为交易性金融资产，且持有 A 公司股权后对其无重大影响。P 公司年末对该股票按公允价作了如下会计处理：
　　　　借：交易性金融资产——公允价值变动　　　　　　　　　　500 000
　　　　贷：资本公积——其他资本公积　　　　　　　　　　　　　500 000
　　要求：分析存在的问题，提出处理意见，并编制审计调整分录。

实 训 十

　　1. 注册会计师 2018 年 2 月 26 日在对 D 公司 2017 年度主营业务收入进行审查时，发现该公司 2017 年 12 月"主营业务收入——P 产品"账户余额与上年同期相比大幅度下降，注册会计师怀疑该公司利用其他应付款隐瞒收入。于是，注册会计师进一步审查 2017 年 12 月份"其他应付款"明细账及相应的记账凭证，发现 26#记账凭证上会计分录为
　　　　借：银行存款　　　　　　　　　　　　　　　　　　　　　351 000
　　　　贷：其他应付款——A 公司　　　　　　　　　　　　　　　351 000
　　该记账凭证后所附原始凭证为银行进账单回单一张。经向 A 公司函证及询问有关销售人员，得知该款系 D 公司向 A 公司销售产品收取的货款，并且该批产品的销售成本已结转。P 产品适用的增值税税率为 17%。
　　要求：分析存在的问题，提出审计处理建议，并编制审计调整分录。
　　2. A 公司 2016 年度的财务报表由 XYZ 会计师事务所进行审计，并发表了无保留意见审计报告。之后，XYZ 会计师事务所与 A 公司续签了 2017 年度财务报表的审计业务约定书。在 2017 年财务报表审计的计划阶段，注册会计师估计财务报表层次的重要性水平为 400 万元，其中"存货"项目的重要性水平为 80 万元。2018 年 1 月 18 日，注册会计师在检查 A 公司 2017 年度的"生产成本"等项目前，经控制测试认为该公司与成本项目有关的内部控制可以高度信赖。A 公司 2016 年、2017 年有关资料如表 8-6 所示。

表 8-6　2016 年、2017 年有关资料

单位：万元

年份	年末存货余额	主营业务成本	主营业务收入	存货周转率	毛利率
2016	7 993	31 892	39 977	3.99	20%
2017	8 111	31 967	40 480	3.94	21%

　　假定近两年市场情况平稳，A 公司的生产经营情况平稳，并且注册会计师通过对成本项目的实质性程序已合理确认主营业务成本的数额。
　　要求：指出存货项目、主营业务收入项目可能存在的问题，并说明理由。

实训十一

1. A 注册会计师负责审计乙公司 2017 年财务报表。假定乙公司 2017 年度仅生产 a、b 两种产品，年初、年末存货除产成品库存外，无其他存货，发出存货采用先进先出法核算。乙公司 a 产品"跌价准备"账户年初余额为 500 万元，b 产品"跌价准备"账户年初余额为 0，该公司年末没有任何存货减值损失处理。a、b 两种产品详细资料如表 8-7 所示。

要求：以复算法发现存在的问题，并编写审计调整分录。

表 8-7　a、b 两种产品详细资料

时间	a、b 产成品状态	a 产成品状态			b 产成品状态		
		数量/件	单位成本/万元	单位产品可变现净值/万元	数量/件	单位成本/万元	单位产品可变现净值/万元
2016 年 1 月 1 日	库存	1 000	2	1.5	800	5	5
2016 年度	生产	2 000	1.8		2 000	4.5	
	销售	1 500			300		
2016 年 12 月 31 日	库存	1 500		1.6	2 500		5.4

2. A 注册会计师负责审计乙公司 2016 年的财务报表。乙公司的会计政策规定，入库产成品按实际生产成本入账，发出产成品采用先进先出法核算。2016 年 12 月 31 日，乙公司 a 产品结存数量为 1 200 件，期末余额为 5 210 万元。乙公司 2016 年度 a 产品的相关明细资料如表 8-8 所示（数量单位为件，金额单位为元，假设期初余额和所有的数量、入库单价均无误）。

表 8-8　a 产品的相关明细资料

日期	摘要	入库			发出			结存		
		数量/件	单价/万元	金额/万元	数量/件	单价/万元	金额/万元	数量/件	单价/万元	金额/万元
1 月 1 日	期初余额							500		2 500
3 月 1 日	入库	400	5.1	2 040				900		
4 月 1 日	销售				800			100		
8 月 1 日	入库	1 600	4.7	7 520				1 700		
10 月 3 日	销售				400			1 300		
12 月 1 日	入库	700	4.6	3 220				2 000		
12 月 31 日	销售				800			1 200		
12.31 日	期末余额							1 200		5 210

要求：以复算法发现存在的问题，并编写审计调整分录。

实训十二

1. ABC会计师事务所的质量控制制度部分内容摘录如下：

1）合伙人考核的主要指标依次为业务收入指标的完成情况、参与事务所管理的程度、职业道德遵守情况及业务质量评价结果。

2）事务所所有员工须每年签署其遵守相关职业道德要求的书面确认函。对参与业务的事务所外部专家或其他会计师事务所的注册会计师，由项目组自行决定是否向其获取有关独立性的书面确认函。

3）在执行业务过程中遇到难以解决的重大问题时，由项目合伙人和项目质量控制复核人共同决定是否需要调整工作程序以及如何调整，由项目合伙人执行调整后的业务计划。

4）事务所质量控制部门每3年进行一次业务检查，每次检查选取每位合伙人已完成的一个项目。

5）所有项目组应当在每年4月30日之前将上一年度的业务约定书交给事务所行政管理部门集中保存。

6）事务所应当自业务报告日起，对鉴证业务工作底稿至少保存12年。

要求：针对上述1）—6）项，逐项指出ABC会计师事务所的质量控制制度的内容是否恰当。如不恰当，简要说明理由。

2. ABC会计师事务所的A注册会计师负责审计甲公司等多家被审计单位2017年度财务报表。与存货审计相关事项如下：

1）在对甲公司存货实施监盘时，A注册会计师在存货盘点现场评价了管理层用以记录和控制存货盘点结果的程序，认为其设计有效。A注册会计师在检查存货并执行抽盘后结束了现场工作。

2）因乙公司存货品种和数量均较少，A注册会计师仅将监盘程序用作实质性程序。

3）丙公司2015年年末已入库未收到发票而暂估的存货金额占存货总额的30%，A注册会计师对存货实施了监盘，测试了采购和销售交易的截止，均未发现差错，据此认为暂估的存货记录准确。

4）丁公司管理层未将以前年度已全额计提跌价准备的存货纳入本年末盘点范围，A注册会计师检查了以前年度的审计工作底稿，认可了管理层的做法。

5）己公司管理层规定，由生产部门人员对全部存货进行盘点，再由财务部门人员抽取50%进行复盘。A注册会计师对复盘项目执行抽盘，未发现差异，据此认可了管理层的盘点结果。

要求：

针对上述1）—5）项，逐项指出A注册会计师做法是否恰当。如不恰当，简要说明理由。

参 考 答 案

实训一

1.
（1）存在问题

根据《企业会计准则》规定，在预收货款销售产品方式下，应在交货时确认收入，该公司违反规定，在预收货款时提前确认收入，虚增了 2016 年利润。

（2）处理意见

注册会计师应提请该公司调整会计处理，冲销提前确认的收入。

（3）审计调整分录

借：营业收入　　　　　　　　　　　　　　　　　　　　　351 000
　　应交税费——应交增值税（销项税额）　　　　　　　　 51 000
　　　贷：预收账款　　　　　　　　　　　　　　　　　　　　　　　300 000

同时调整财务报表的其他项目。

2.
（1）存在问题

ABC 公司将应计入营业外支出的违约金和应计入管理费用的差旅费计入材料采购成本，混淆了成本费用界限。

（2）处理意见

注册会计师应提请 ABC 公司调整会计处理。

（3）审计调整分录

在本例中，由于 12 月购入材料的成本对本月发出材料的计价不产生影响，只影响库存材料成本，因此应编制如下审计调整分录：

借：营业外支出　　　　　　　　　　　　　　　　　　　　　2 000
　　管理费用　　　　　　　　　　　　　　　　　　　　　　 2 500
　　　贷：存货——原材料　　　　　　　　　　　　　　　　　　　4 500

同时调整财务报表的其他项目。

实训二

1.
（1）D 公司现金管理中存在下列主要问题：

① 白条借据抵库。出纳员以白条借给职工现金 2 560 元，至今抵充库存不入账。

② 账款不符。盘点日止账面应存额为 21 925.41 元，而实际盘存库存现金仅为 19 226.06 元，其中除出纳员擅自以白条借据 2 560 元抵充库存外，尚短缺 139.35 元，出纳员无法解释相关原因。

③ 银行核定该公司库存现金限额为 10 000 元，而实际库存超过限额 9 226.06 元。

④ 收入销货款的转账支票未及时送存银行，已超过支票有效期，该笔货款将被对方开户银行拒付。

2）针对上述问题，提出审计意见如下：

① 白条抵库的现金 2 560 元，如经有关人员正式审批，应作其他应收款处理，或限期归还或敦促报销。

② 出纳员短缺现金 139.35 元，在进一步查明原因后，按有关规定追究其责任，作出处理。

③ 今后应坚持按库存现金限额存放库存现金。

④ 公司应及时与购货单位联系，收回 7 500 元销货款。

2.

（1）审计处理建议

① 只调整 2016 年报表未调整 2017 年报表，应建议调整 2017 年报表：

借：销售费用　　　　　　　　　　　　　　　　　　　　　　7 200 000
　　贷：长期待摊费用　　　　　　　　　　　　　　　　　　　　　7 200 000

② 资产负债表日后发生公允价值降低，属于非调整期后事项，建议仅在财务报表附注中披露。

（2）审计意见类型

① 否定意见。理由：虚增利润 720 万元，虚增资产 720 万元，并且使亏损变成盈利。

② 保留意见。理由：投资下跌 480 万元，占资产总额的比例为 1.1%，对资产及利润的影响额均超过于重要性水平。

实训三

1.

（1）存在的问题

根据《企业会计准则》规定，该笔借款是购建固定资产而专门借入的款项，其 11 月和 12 月的利息费用符合资本化条件应予资本化，应计入固定资产成本。而该公司将 10—12 月该笔借款的利息费用全部计入财务费用，违反了规定，虚减了资产，增加了费用，虚减了当期利润，属于偷漏企业所得税的行为。

（2）审计建议

注册会计师应提请该公司调整会计处理，并及时补交企业所得税。

（4）调整分录

① 冲减多计的财务费用和补记固定资产：

借：固定资产　　　　　　　　　　　　　　　　　　　　　　100 000
　　贷：财务费用　　　　　　　　　　　　　　　　　　　　　　　100 000

② 补提所得税费用

借：所得税费用　　　　　　　　　　　　　　　　　　　　　　25 000
　　贷：应交税费——应交所得税　　　　　　　　　　　　　　　　25 000

③ 结转利润，分录如下：

借：财务费用　　　　　　　　　　　　　　　　　　　　　　　100 000

  贷：所得税费用   25 000
    利润分配——未分配利润   75 000
 ④ 补提盈余公积
 借：利润分配——提取法定盈余公积   7 500
  贷：盈余公积——法定盈余公积   7 500
 2.
 1）B 公司财务报表层次的重大错报风险应评估为高水平，其主要理由如下：
 ① 从以前年度审计的结果来看，B 公司被出具了带强调事项段的无保留意见，负责审计的 DEF 会计师事务所在强调事项段中表达了对其持续经营能力的关注；而且，其收入在 2016 年被调减 1 200 万元，占原报告收入的 30%，这些都是 B 公司 2017 年财务报表可能存在重大错报的信号。
 ② 从 B 公司基本情况及其环境来看，其 2017 年度的财务报表重大错报风险较高，表现在：多行业经营，业务复杂性和会计处理的复杂性均较高；生产药品面临的竞争激烈且监管压力较大；缺少审计委员会，治理结构不健全；缺少内部审计部门，会计信息的可靠性可能存在问题；顾客的诉讼将使其持续经营能力面临威胁等。
 2）B 公司财务报表可能存在重大错报的领域包括收入确认、存货计价、银行存款等。

实训四

 1. 附注中可能存在两处不合理之处：一是"坏账准备"账户年末余额 52.77 万元÷"应收账款"账户年末余额 6 553 万元×100%≈0.32%，与会计政策规定的 0.5% 的坏账准备计提比例不符；二是应收账款账龄分析中，"3 年"和"3 年以上"这两部分的年初数之和仅 2 582 万元，而"3 年以上"的年末数却为 2 874 万元（"3 年以上"的年末数来自于"3 年"和"3 年以上"这两部分的年初数之和），通常在公司 2017 年度未发生并购、分立和债务重组等行为的前提下是不可能的。
 2.
 （1）存在的问题
 装卸费应计入材料采购成本，不应计入管理费用；采购人员差旅费应计入管理费用，不应计入材料采购成本。由于材料核算的错弊，造成多计管理费用 1 000 元，原材料成本少计 1 000 元，从而影响财务报表真实反映。
 （2）审计建议
 注册会计师提请该公司调整会计处理。
 （3）调整分录
 借：存货——原材料   1 000
  贷：管理费用   1 000
 说明：2 000 元的装卸费不应计入管理费用，应计入材料采购成本；1 000 元的差旅费应计入管理费用，不应计入材料采购成本。综合考虑之后，应调减管理费用 1 000 元，调增材料成本 1 000 元同时调整财务报表的其他项目。

实训五

1.
1）C 公司 2017 年 12 月 31 日甲材料的实存数为 42 000+40 000-50 500=31 500（千克）

2）C 公司 2017 年 12 月 31 日的账存数 32 000 千克比实存数 31 500 千克多 500 千克，注册会计师还应进一步查明原因。

2．情况 2）、3）没有缺陷，情况 1）、4）有缺陷，其缺陷、理由和改进建议如下。

内部控制程序缺陷、理由和改进建议表

情况	缺陷所在	理由	改进建议
1）	采购部门的人员不能验收商品	采购与验收是两个不相容的岗位	验收商品应当由验收部门的人员进行验收
4）	会计部门职员 G 一人登记"主营业务收入"和"应收账款"明细账	登记"主营业务收入"明细账和"应收账款"明细账的职员应当是两个人	由两个人分别登记"主营业务收入"明细账和"应收账款"明细账

实训六

1．初步估计的报表层次重要性水平为总资产的 0.75%（15÷2 000×100%）。

报表项目层次重要性水平表

项目	金额/万元	比例/%	重要性水平/万元
货币资金	20	0.75	0.15
应收账款	300	0.75	2.25
存货	700	0.75	5.25
固定资产	800	0.75	6
无形资产	180	0.75	1.35
总计	2 000	0.75	15

按各项资产占总资产的比例确定各报表项目的重要性水平时存在缺陷。

理由：

在确定各类交易、账户余额、列报认定层次的重要性水平时，注册会计师应当考虑以下主要因素：第一，各类交易、账户余额、列报的性质及错报的可能性；第二，各类交易、账户余额、列报的重要性水平与财务报表层次重要性水平的关系。因此，按各项资产占总资产的比例来确定各报表项目的重要性水平时存在缺陷。

2．

（1）

S 公司 2017 年度对办公楼计提的折旧额=6 175 000-400 000=775 000（元）

S 公司 2017 年度应计提的折旧额=（15 000 000-5 400 000-1 500 000-15 000 000×10%）÷12+5 000 000×90%÷（3+11×12）×3=650 000（元）

折旧计算说明：按照《企业会计准则》规定，对更新改造中的固定资产仍然计提折旧，新增价值部分按新增固定资产计提折旧方法计提折旧，即从增加后的次月开始计提折旧。

存在的问题：S 公司 2017 年度多计提折旧 125 000 元，由此导致资产虚减 125 000 元，利润虚增 125 000 元。S 公司多计提折旧= 775 000-650 000=125 000（元）。

（2）审计建议

注册会计师应建议：公司调整会计处理，冲回多计的折旧。

（3）调整分录

借：固定资产——累计折旧　　　　　　　　　　　　　　　　　　125 000
　　贷：管理费用——折旧费　　　　　　　　　　　　　　　　　　　　125 000

同时调整财务报表的其他项目。

实训七

1．注册会计师应将下列项目确定为审计重点：

1）营业收入。被审计单位 F 公司为均衡生产企业，2017 年度收入比上年度收入也有较大的提高，在产销形势与上年相当的情况下，这属于异常变化。注册会计师应重点审查 F 公司的营业收入。

2）营业成本。F 公司 2017 年的毛利率为 22%，较 2016 年的 15%有大幅度的提高，因此应将营业成本作为审计重点。

3）销售费用。在收入发生大幅度增长的情况下，销售费用却与 2016 年持平，有违一般规律，注册会计师应重点审查销售费用的内容。

4）营业外收支。营业外收支本身具有很大的偶然性，而 F 公司 2017 年度却与 2016 年度持平，注册会计师就应对此引起重视。因此，注册会计师一般应将"营业外收支"项目作为审查重点，着重"审查营业外收支"项目发生的依据及其授权批准文件。

（5）所得税费用。2017 年度企业所得税占利润总额比例为 9.83%，与 25%的企业所得税税率存在较大差异（这属于异常差异），并且比 2016 年度企业所得税占利润总额比例 30.20%大幅度下降（这属于异常变化），因此，注册会计师应将所得税费用项目作为审计重点。

2．

库存现金盘点表

盘点人：×× 监盘人：A B

被审单位名称	E 公司	编制人	A	日期	2018 年 1 月 5 日
审计项目	库存现金盘点	复核人	B	日期	2018 年 1 月 8 日
会计期间	2017 年度	索引号			W1-2
盘点日期	2018 年 1 月 5 日	币种			人民币
实有现金盘点记录			检查盘点记录		
币面额	张数	金额/元	项目		金额/元
100 元	204	20 400.00	上一日现金库存账面余额		24 242.90
50 元	56	2 800.00	加：盘点日未记账传票收入金额		3 521.32
20 元	28	560.00	减：盘点日未记账传票支出金额		3 462.21
10 元	24	240.00	盘点日账面应有金额		24 302.01

续表

被审单位名称	E 公司		编制人	A	日期	2018 年 1 月 5 日
审计项目	库存现金盘点		复核人	B	日期	2018 年 1 月 8 日
会计期间	2017 年度		索引号			W1-2
盘点日期	2018 年 1 月 5 日		币种			人民币
实有现金盘点记录			检查盘点记录			
币面额	张数	金额/元	项目			金额/元
5 元	45	225.00	盘点日实有现金金额			24 301.90
2 元	25	50.00	盘点日应有与实有差异			0.11
1 元	12	12.00	差异原因分析	短款		0.11
5 角	12	6.00				
2 角	13	2.60				
1 角	45	4.50				
5 分	23	1.15				
2 分	25	0.50				
1 分	15	0.15				
合计		24 301.90				
审计结论：经审计，该公司现金盘亏 0.11 元。因金额很小，其原因一般属于收支差错。经调整后，本科目报告金额可以确认。			追溯调整	报表日到查账日现金付出额		6 521.69
				报表日到查账日现金收入额		6 725.25
				报表日库存现金应有余额		24 098.34

实训七

1. 注册会计师应将下列项目确定为审计重点：

1）营业收入。被审计单位 F 公司为均衡生产企业，2017 年度收入比上年度收入也有较大的提高，在产销形势与上年相当的情况下，这属于异常变化。注册会计师应重点审查 F 公司的营业收入。

2）营业成本。F 公司 2017 年的毛利率为 22%，较 2016 年的 15% 有大幅度的提高，因此应将营业成本作为审计重点。

3）销售费用。在收入发生大幅度增长的情况下，销售费用却与 2016 年持平，有违一般规律，注册会计师应重点审查销售费用的内容。

4）营业外收支。营业外收支本身具有很大的偶然性，而 F 公司 2017 年度却与 2016 年度持平，注册会计师就应对此引起重视。因此，注册会计师一般应将"营业外收支"项目作为审查重点，着重审查"营业外收支"项目发生的依据及其授权批准文件。

（5）所得税费用。2017 年度企业所得税占利润总额比例为 9.83%，与 25% 的企业所得税税率存在较大差异（这属于异常差异），并且比 2016 年度企业所得税占利润总额比例 30.20% 大幅度下降（这属于异常变化），因此，注册会计师应将所得税费用项目作为审计重点。

2.

库存现金盘点表

盘点人：×× 监盘人：A B

被审单位名称	E 公司		编制人	A	日期	2018 年 1 月 5 日
审计项目	库存现金盘点		复核人	B	日期	2018 年 1 月 8 日
会计期间	2017 年度		索引号			W1-2
盘点日期	2018 年 1 月 5 日		币种			人民币
实有现金盘点记录			检查盘点记录			
币面额	张数	金额/元	项目			金额/元
100 元	204	20 400.00	上一日现金库存账面余额			24 242.90
50 元	56	2 800.00	加：盘点日未记账传票收入金额			3 521.32
20 元	28	560.00	减：盘点日未记账传票支出金额			3 462.21
10 元	24	240.00	盘点日账面应有金额			24 302.01
5 元	45	225.00	盘点日实有现金金额			24 301.90
2 元	25	50.00	盘点日应有与实有差异			0.11
1 元	12	12.00	差异原因分析	短款		0.11
5 角	12	6.00				
2 角	13	2.60				
1 角	45	4.50				
5 分	23	1.15				
2 分	25	0.50				
1 分	15	0.15				
合计		24 301.90				
审计结论： 经审计，该公司现金盘亏 0.11 元。因金额很小，其原因一般属于收支差错。经调整后，本科目报告金额可以确认。			追溯调整	报表日到查账日现金付出额		6 521.69
				报表日到查账日现金收入额		6 725.25
				报表日库存现金应有余额		24 098.34

实训八

1.

1）不恰当。在非资产负债表日监盘时，应将监盘金额调整至资产负债表日的金额，并对变动情况实施程序。

2）不恰当。已开立银行结算账单清单是由企业管理层提供的，可靠性不强，注册会计师应当亲自到中国人民银行或基本存款账户开户银行查询并打印已开立银行结算账单清单。

3）不恰当。收到银行的回函不应与甲公司的账面余额核对，银行的函证是以银行对账单上的金额向银行函证的。

4）不恰当。利用个人结算账户结算货款可能存在舞弊，仅通过检查交易记录和列报并获取书面声明不足以应对风险。

5）恰当。
6）恰当。

2.
（1）存在的问题

"应收账款——D公司"明细账的贷方余额反映的是预收的货款，应在资产负债表预收款项"项目中列示。

（2）审计建议

注册会计师应建议F公司作重分类调整，并调整坏账准备。

（3）调整分录

借：应收账款　　　　　　　　　　　　　　　　　　　　　　　12 000 000
　　贷：预收款项　　　　　　　　　　　　　　　　　　　　　　　12 000 000
借：资产减值损失——计提坏账准备　　　　　　　　　　　　　　3 600 000
　　贷：应收账款——坏账准备　　　　　　　　　　　　　　　　　3 600 000

实训九

1.

1）抽样间隔数=8 000÷（8 000×5%）=1÷5%=20，则以1 011为起点的前5张发票的号码为1 011、1 031、1 051、1 071、1 091。

2）以1 018为起点的第194张发票的号码=1 018+（194-1）×20=4 878，第226张发票的号码=1 018+（226-1）×20=5 518；第387张发票的号码=1 018+（387-1）×20=8 738。

3）如果有多个起点，则抽样间隔=（总体容量/样本规模）×起点个数，三个随机起点的抽样间隔数=20×3=60，以1 025为起点的第51张发票的号码=1 025+（51-1）×60=4025。

2.
（1）存在的问题

根据《企业会计准则》规定，作为交易性金融资产的股票，在购买时支付交易费用应计入"投资收益"账户，年末对该股票按公允价调整时，产生的收益应计入"公允价值变动收益"账户。

（2）审计建议

注册会计师应建议该公司调整会计处理。

（3）调整分录

① 调整财务费用为投资收益：

借：投资收益　　　　　　　　　　　　　　　　　　　　　　　　　1 000
　　贷：财务费用　　　　　　　　　　　　　　　　　　　　　　　　1 000

② 调整资本公积为公允价值变动收益

借：资本公积——其他资本公积　　　　　　　　　　　　　　　　500 000
　　贷：公允价值变动收益　　　　　　　　　　　　　　　　　　　500 000

同时调整财务报表其他项目。

实训十

1.
(1) 存在的问题

该公司利用"其他应付款"账户隐瞒主营业务收入，违反《企业会计准则》和税法的规定，虚增了负债，偷漏了税金，其性质是偷漏税行为。

(2) 审计建议

注册会计师应建议该公司调整会计处理，并及时补交税金。

(3) 调整分录

借：其他应付款　　　　　　　　　　　　　　　　　　　　　　351 000
　　贷：营业收入——主营业务收入　　　　　　　　　　　　　300 000
　　　　应交税费——应交增值税（销项税额）　　　　　　　　 51 000

同时调整财务报表其他项目。

2. 因为注册会计师对 A 公司 2016 年度财务报表出具了无保留意见审计报告，在分析 2017 年度数据时，可以信赖该公司 2016 年度财务报表的数据。

① 由于该公司的生产经营情况平稳，因此作为公司内在规律的存货周转率应当是稳定的。公司 2016 年度的存货周转率为 31 892/7 993≈3.99（次）。在 2017 年，如果存货周转率不变，则在已确认主营业务成本的前提下，推算的存货预期余额为 31 967/3.99≈8 011（万元），但公司列示的存货余额为 8 111 万元，比预期数额高出了整整 100 万元，因为这一差异高于"存货"项目的重要性水平，有必要将存货的高估问题列为重要问题。

② 毛利率为行业规律及市场规律，也是稳定的。在 2016 年，该公司的毛利率为 1-31 892/3977≈20.22%。在毛利率不变的情况下，依据 2017 年主营业务成本推算的 2017 年主营业务收入额为 31 967/（1-0.2022）≈40 069（万元），而 A 公司的未审主营业务收入为 40 480 万元，比推算的预期数额高出 411 万元，且这一差异超过了财务报表层次的重要性水平。基于此，有理由怀疑 A 公司的主营业务收入有重大的高估情况。

实训十一

1. 根据先进先出法，a 产品期末余额为 1 500×1.8=2 700（万元），a 产品"存货跌价准备"账户期末余额应为 1 500×(1.8-1.6)=300（万元），应计提 a 产品存货跌价准备 300-500=-200（万元）；b 产品期末余额为 2 000×4.5+500×5=11 500（万元），b 产品"存货跌价准备"账户期末余额为 0。

审计调整分录：

借：存货　　　　　　　　　　　　　　　　　　　　　　　　　200
　　贷：资产减值损失　　　　　　　　　　　　　　　　　　　　200

2. 期末应有存货余额=700×4.6+500×4.7=5 570（万元），期末存货余额少计 5 570-5210=360（万元），本月多计营业成本 360 万元。

审计调整分录：

借：存货　　　　　　　　　　　　　　　　　　　　　　　　　360
　　贷：营业成本　　　　　　　　　　　　　　　　　　　　　　360

实训十二

1.
1）不恰当。事务所应建立以质量为导向的业绩评价政策/应将业务质量放在第一位。
2）恰当。
3）不恰当。应由项目合伙人决定是否需要调整工作程序及如何调整/项目质量控制复核人不应参与决策，否则影响其客观性。
4）恰当。
5）不恰当。业务约定书应当纳入业务工作底稿。
6）恰当。

2.
1）不恰当。A注册会计师没有/应当观察管理层制定的盘点程序的执行情况。
2）恰当。
3）不恰当。A注册会计师没有/应当检查暂估存货的单价。
4）不恰当。存货监盘是检查存货的存在，已全额计提跌价的存货价值虽然为零，但数量仍存在/仍需对存货是否存在实施监盘。
5）不恰当。抽盘的总体不完整。

参 考 文 献

[1] 于冬梅，李冬辉，张娜. 新编审计案例教程[M]. 北京：清华大学出版社，北京交通出版社，2014.
[2] 中国注册会计师协会. 审计[M]. 北京：经济科学出版社，2017.
[3] 李晓慧. 审计学实务与案例[M]. 北京：中国人民大学出版社，2014.